Desde el corazón de América

Lesetexte für fortgeschrittene Spanischlernende

von
Carmen Ramírez Ibáñez

LANGENSCHEIDT

BERLIN · MÜNCHEN · WIEN · ZÜRICH · NEW YORK

Desde el corazón de América

von Carmen Ramírez Ibáñez
unter Mitarbeit von Encina Alonso

Umschlagfoto: Corinna Schlüter-Ellner, München

Fotos:
Bavaria-Bildagentur (S. 9)
Richard Ellner (S. 60)
Dieter Fuchsius (S. 25, 57, 58)
Fernando Gándara (S. 11)
Rocío Jiménez (S. 54, 55)
Lucia Königbauer (S. 14, 71)
Carmen Ramírez (S. 20, 22, 30, 33, 42, 50, 63, 64, 66, 67, 68, 70,71, 83)
César Ramírez (S. 47)
Corinna Schlüter-Ellner (S. 74, 75)
Noemi Schurr (S. 44)

Zeichnungen S. 48: Lucia Königbauer

Bestandteile:	
Leseheft	3-468-49278-2
Audiocassette	3-468-49284-7

Auflage: 5. 4. 3. 2. 1. | Letzte Zahlen
Jahr: 2001 2000 99 98 97 | maßgeblich
© 1997 Langenscheidt KG, Berlin und München
Druck: Druckhaus Langenscheidt, Berlin-Schöneberg
Printed in Germany - ISBN 3-468-49278-2

Presentación

Con esta publicación ofrecemos al lector algunos textos de lectura para acompañar "El Curso de Español", nivel 2. Están dedicados enteramente a Latinoamérica.

Consta de 15 capítulos, correspondientes a las 15 lecciones de "El Curso de Español" 2. Tratan de los temas que se han visto en las lecciones, como por ejemplo fiestas, vida cotidiana, artesanía, pero también condiciones de vida, y los relacionan en un ámbito latinoamericano.

Cada capítulo contiene de dos a cuatro textos.

Un número de tareas dan ayuda para comprender los textos, lo mismo que las explicaciones bilingües de las palabras claves.

Los textos están redactados exclusivamente por latinoamericanos. Como peruana, puedo hablar de mi propio país; con respecto a otros países he recogido opiniones, vivencias, declaraciones, testimonios y entrevistas de argentinos, bolivianos, venezolanos, panameños etc., que reflejan las realidades de cada país. Se trata de manifestaciones subjetivas y de descripciones incompletas; a pesar de ello espero que se pueda formar una imagen de los paisajes y ciudades, de la gente, de sus pueblos y de sus culturas.

Carmen Ramírez Ibáñez

Índice

Latinoamérica 6
El castellano de Latinoamérica 8

1 Países y lugares
    Argentina, país de la plata 9
    Chile, el último rincón del mundo 11
    🔊 Entrevista a una boliviana 12

2 Mentalidades y costumbres
    Los latinoamericanos 14
    Un cubano en Alemania 16
    Una tradición loca 17
    🔊 Noche de Paz, Noche de Amor - canción 19

3 Encuentros con la historia
    María Reiche, la dama del desierto (Perú) 20
    Los mayas 22
    Panamá, puente del mundo 23
    De paso por Nicaragua 24

4 Presente y futuro
    Un continente rico con gente pobre 27
    Un continente que espera desarrollo 28
    El petroleo y la pobreza (Venezuela) 29
    🔊 El tejido, herencia inca (Perú) 30

5 Fiestas, comidas y bebidas
    🔊 La fiesta del carnaval (Panamá) 32
    La tierra de los incas y la fiesta del Sol (Perú) 33
    Las chicherías peruanas 34
    Tamales, tacos, guacamole y tequila (México) 35

6 Deporte
    Gabriela Sabatini, estrella del tenis (Argentina) 38
    Deportes en los Andes 39
    Pelea de gallos 40
    Los caballitos de totora (Perú) 41

7 **Recuerdos personales**
Lluvia otoñal en Buenos Aires (Argentina) 43
🔊 Las tortillas guatemaltecas 44

8 **Música**
Los andinos y su música 47
🔊 Americanto 48
🔊 Guantanamera (Cuba) 49

9 **Ciudades**
La capital y su gente (México) 50
🔊 El colectivo porteño - Buenos Aires 52
Cusco, Patrimonio Cultural del Mundo (Perú) 53

10 **Condiciones de trabajo**
Los campesinos de los Andes (Ecuador) .56
🔊 La familia campesina migrante (Bolivia) 57
🔊 El cacao y los cacaoteros (Ecuador) 60
Política lingüística (Puerto Rico) 61

11 **Esperanzas**
Isabel Allende y "*Paula*" (Chile) 63
Casa y hogar para los "Huchuy Runa" (Perú) 64
Los derechos del niño 66

12 **Arte y artesanía**
La Ciudad Universitaria de México 67
Mercados y mercados de artesanía 68
🔊 Los huaqueros, buscadores de tesoros prehispánicos 69

13 **Turismo**
La revolución del turismo (Cuba) 71
Mundo submarino y el buceo caribeño .72

14 **Mundos diferentes**
Los cuna de la Isla de San Blas (Panamá) 74
Los chipayas (Bolivia) 75
🔊 Los kogi y la coca (Colombia) 77

15 **Medio ambiente**
El colonialismo ecológico (Puerto Rico) .79
Los manglares en América Central 80
🔊 Entrevista a una mexicana 82

Vocabulario 84

Latinoamérica

Latinoamérica es un vasto territorio, el nombre significa América de lengua latina (romana) y de cultura española o portuguesa. Para entender su actual situación, debemos explorar su historia; así como conocer los rasgos geográficos o climáticos que marcan el vivir cotidiano de su gente.

En el siglo XV, navegantes españoles y portugueses se lanzaron a la mar en busca de nuevas tierras.

Cristóbal Colón partió con el apoyo de los Reyes Católicos, Fernando de Aragón e Isabel de Castilla. Se firmó la llamada Capitulaciónes de Santa Fe, un convenio por el cual los Reyes de España concedían a Colón el título de "Gran Almirante de Castilla" y "Virrey de todas las tierras descubiertas", otorgándole la décima parte de todas las expediciones.

Partió el día 3 de agosto de 1492 desde el Puerto de Palos rumbo a lo desconocido; con él, las tres carabelas: la "Santa María", nave que estuvo a su mando, la "Pinta" y la "Niña", con cerca de 200 hombres.

Después de más de dos meses de un largo y agitado viaje lleno de innumerables penurias y sacrificios, logró Cristóbal Colón atravesar el Océano Atlántico y finalmente desembarcó, el 12 de octubre de 1492, en la isla Guarahaní, a la que bautizó con el nombre de San Salvador. Colón descubría un nuevo mundo: América. Él nunca llegó a saberlo, estaba convencido de haber llegado a las Indias, por ello llamó "Indios" a los habitantes del continente.

El almirante Colón realizó cuatro viajes:
- Descubrió Guarahaní, Cuba y Haití, que la bautizó con el nombre de "La Española".
- Descubrió las Pequeñas Antillas: Guadalupe, Dominica, San Martín, Puerto Rico y Jamaica.
- Descubrió la isla Trinidad y la desembocadura del río Orinoco en Venezuela.
- Descubrió la isla Martinica, luego arribó a América Central, Honduras y llegó hasta Panamá.

Los descubrimientos más notables fueron en su mayoría obra de España y Portugal, un hecho que, finalmente, llevó a ambas naciones ibéricas a dividir el mundo en dos áreas de influencia: occidente para España y oriente para Portugal. Fue mediante el tratado de Tordesillas (1494) que se repartieron la posesión de las tierras. Se dedicaron a formar nuevas colonias y a fundar ciudades.

En el siglo XVI, ambas naciones habían logrado formar ricos imperios coloniales, los cuales favorecieron a sus metrópolis fabulosas riquezas que

las transformaron en grandes potencias políticas y económicas. España se convirtió en la nación más grande y rica del mundo. Lamentablemente no supieron aprovechar su fortuna, la derrocharon con la misma facilidad con la que la obtuvieron.
Durante el siglo XV, otras potencias europeas trataron de conseguir su parte en el continente americano. Holanda estableció sus dominios en Surinam y Guayana, Francia en Canadá y Haití, Inglaterra fundó trece colonias en América del Norte y se adueñó de Belice en la península de Yucatán. Los portugueses se establecieron en Brasil y el resto de América fue colonizado por España.

Las culturas americanas precolombinas más desarrolladas (azteca, maya e inca) cayeron bajo el dominio de los conquistadores.

Estos creyeron encontrarse frente a seres inferiores, aún después de haber comprobado la superioridad de los "Indios" en muchos aspectos. El Papa Paulo III tuvo que expedir una bula papal para que los conquistadores y su gente comprendieran que eran humanos.

Así empezó la Época Colonial, con más de tres siglos de opresión. Los españoles introdujeron una cultura foránea que coexistió al lado de la nativa. Se inició una corriente de transculturación y eliminación de la idolatría que casi hizo desaparecer la religión de los nativos.

Desde entonces se enfrentaron dos razas y culturas, una extranjera y otra autóctona con creencias y filosofía diferentes.

En el tiempo de la Independencia, conseguida hasta los años 1820 por todos los países, y de la formación de los estados americanos, las naciones iberoamericanas se vieron afectadas por un desequilibrio político y por conflictos fronterizos. Al mismo tiempo se recibía una gran corriente migratoria europea que propició un crecimiento demográfico y económico extraordinario.

Poco a poco empezaron a emerger culturas avanzadas en las cuales se mezclaron las costumbres españolas y las tradiciones indígenas.

La inmensidad del continente, la variedad de climas, la riqueza de la flora y la fauna, así como su gente hacen que Latinoamérica sea compleja y fascinante.

El castellano de Latinoamérica

La Península Ibérica y Latinoamérica están separadas por un gran océano, Atlántico, como también por una lengua común.

Tenemos incomprensiones con los españoles, como también con nuestros mismos vecinos. Es peor si un latinoamericano ha vivido en EE.UU. y vuelve a su país.

Sin embargo, los latinoamericanos entre nosotros nos entendemos mejor que los peninsulares del norte con los del sur. Esto es pasable, ya que nuestro continente se extiende desde Mexicali en Baja California hasta la Península Antártida.

Los latinoamericanos tenemos en nuestro vocabulario cotidiano palabras antiguas del siglo XVI, especialmente el de Castilla y Andalucía.

Por otra parte, la lengua castellana en nuestro continente ha sufrido muchos cambios ya que ha estado y está en contacto con lenguas indígenas: quechua, aymará, guaraní, náhuatl, otomí, totonaca, zapoteca, mixteca, maya, maya-quiché y otras con influencia africana como la región del Caribe, Puerto Rico, y Argentina con la influencia del italiano. Es decir, el castellano coexiste con otras lenguas de nuestro continente.

Muchas palabras de nuestras lenguas indígenas también se registraron en el español y otras lenguas europeas, palabras referentes a plantas, productos y animales desconocidos por los europeos: *canoa, papa, poncho, maíz, cacao, tabaco, tomate, vainilla, caucho, puma, cóndor, alpaca, llama, vicuña, guanaco, chile*, etc.

Hoy en día, las diferencias con el castellano de España son, sobre todo,
- el seseo, pronunciación de la c y la z igual con la de la s: se pronuncia *caza* igual que *casa*, *cazado* igual que *casado*, pero no olvidemos que *estar casado* y *ser cazado* son muy diferentes; *cocer* se pronuncia igual que *coser*.
- el leísmo: *Le he visto* en vez de *Lo he visto* o *La he visto*
- el uso de *ustedes* y la pérdida de *vosotros*: *Ustedes son simpáticos* es igual a *Vosotros sois simpáticos*.
- el uso de *vos* en lugar de *tú*: *Vos sos amable* es igual a *Tú eres amable*.
- y en algunos países el yeísmo: *llave, calle* se pronuncian [ʒjavə] y [kaʒə].

El uso de *ser* y *estar*, no se sabe si los españoles son más listos que los latinoamericanos, ya que ellos dicen: *soy soltero, estoy casado* y el latinoamericano: *soy soltero, soy casado*.

Esto nos diferencia fonética, sintáctica y morfológicamente de los españoles.

1 Países y lugares

Argentina, país de la plata

El nombre de »Argentina« proviene del latín y significa país de la plata, por estar en las orillas del Río de la Plata, vía de acceso para los primeros conquistadores españoles en 1515.

El primer europeo que pisó Argentina fue Juan Díaz de Solís. Al ver por primera vez este río lo llamó »Río de la Plata« por la esperanza de encontrar plata en esta región.

Entre la columna vertebral de América del Sur - los Andes - al oeste y el Océano Atlántico al este, Argentina se extiende como una enorme cuña desde las selvas tropicales en la frontera con Paraguay al norte hasta Tierra del Fuego al sur.

Se debe a la forma geográfica del país que al extremo de América del Sur se le llame »Cono Sur«. Argentina es el séptimo país del mundo por su extensión, presentando una diversidad de climas y paisajes sin igual en el planeta. Argentina es un país de mil contrastes.

En las llanuras interminables de la Pampa se cultivan algodón, girasoles, avena, maíz y, sobre todo, trigo. Argentina es uno de los mayores productores y exportadores de cereales del mundo. La región entre los ríos Uruguay y Paraná, llamada Mesopotamia, suministra sobre todo vino y caña de azúcar. Sin embargo, lo que siempre ha caracterizado a nuestro país ha sido la cría de ganado: vacas, ovejas y caballos. Tanto la lana como el cuero argentinos están altamente cotizados en los mercados del mundo.

Glaciar Perito Moreno

La capital argentina, la »Reina del Plata«, está considerada la ciudad mayor y más importante de América del Sur. Allí todo gira en torno a la Plaza de Mayo, la Casa Rosada, el Banco de la Nación, la Catedral Metro-

Países y lugares

politana y la Avenida 9 de Julio que recibe con orgullo el título de ser la avenida más ancha del mundo.

»Mi Buenos Aires querido, cuando yo te vuelva a ver, no habrá más pena ni olvido...« Así suena uno de los más famosos tangos, melancólico y nostálgico. Así somos los porteños, los que nacimos en Buenos Aires, siempre con el resabio de la dura vida pasada por nuestros antepasados no tan lejanos, inmigrantes de Europa que llegaron a Argentina a comienzos de siglo con la esperanza de una mejor vida. Italianos, alemanes, españoles, suizos, etc. se mezclaron con los criollos y los indios.

La ciudad y su arquitectura es también un espejo de nuestra personalidad: mansiones con estilo francés, otras con trazado español - colonial (casas de una planta con patio en el centro), rascacielos, etc. Cada casa muestra el individualismo argentino.

Sólo una ciudad inmensamente cosmopolita como Buenos Aires podría ser la cuna del tango, ese baile melancólico y erótico acompañado de un bandoneón que transmite sentimientos fuertes. Llegó a ser el baile de moda en toda Europa a principios de este siglo y también hoy en día se sigue bailando el tango.

Buenos Aires tiene algo característico, es el constante bullicio, que apenas disminuye durante la noche, el ruido de los autos, la bocina que se utiliza tanto como los frenos, los conductores gritándose cosas grotescas al tener algún percance inesperado, las abuelas charlando en la vereda, el ladrar de los perros tras la verja, el maullido de los gatos en celo y, sobre todo, el rumor de los colectivos, esos imprescindibles fenómenos de Buenos Aires.

»A mí se me hace cuento que nació Buenos Aires. La juzgo tan eterna como el agua y el aire.« (Jorge Luis Borges) Muchos autores han convertido a Buenos Aires en el tema principal de su obra, pero ninguno de ellos ha sabido captar la esencia de esta ciudad y entenderla como Borges.

Gabriela Platz y Eva Ibáñez, Buenos Aires

→ Conteste a las siguientes preguntas:

1. ¿Qué significa el nombre de Argentina?
2. ¿Quién fue la primera persona europea que llegó a Argentina?
3. ¿Por qué se llama »Río de la Plata«?
4. ¿Dónde se encuentra Argentina?
5. ¿Qué productos se cultivan en Argentina?
6. ¿Qué exporta mayormente Argentina?
7. ¿Qué lugares son los más importantes de Buenos Aires?
8. ¿Cuál es el baile típico de Argentina?
9. ¿Quién es un escritor argentino famoso?

Países y lugares

Chile, el último rincón del mundo

La capital chilena, Santiago, fue fundada por Pedro de Valdivia el 12 de febrero de 1541. Valdivia jamás se imaginó que la villa a orillas del rio Mapocho y a los pies del Cerro Huelén, se transformaría en una enorme ciudad de casi 35 km. de norte a sur y 40 km. de este a oeste, en la que habitan 6 millones de chilenos.

Santiago es una ciudad grande y moderna que sufre graves trastornos, especialmente en invierno, por la contaminación ambiental. El centro de Santiago aún mantiene sus viejas construcciones que le otorgan junto a los modernos edificios un contraste atractivo. La gente posee características fisonómicas netamente europeas.

Santiago de Chile

Geográficamente Chile es una estrecha franja de tierra entre los Andes y el Pacífico, desde el desierto de Atacama hasta los glaciares de Tierra del Fuego, con una anchura de 200 km. y 3500 de longitud. Por su forma se le llama »la corbata de América«. En el norte andino se encuentra el desierto más árido del mundo y su gente es sencilla, introvertida y luchadora. El sur se caracteriza por sus lluvias, su verde inmaculado. Predomina el temperamento cálido de sus habitantes; el hecho de estar más aislados nos hace más cariñosos y hospitalarios con los forasteros.

En su tercio sur existen un sinfín de islas que son habitadas por pingüinos, lobos marinos, cisnes de cuello negro, flamencos, pudúes (ciervos pequeños).
Chile posee varias islas y grupos de islas pequeñas en el Pacífico. Una de ellas es la Isla de Pascua, descubierta el Domingo de Pascua de 1722. Aunque no tiene más de 2000 habitantes, es, sin embargo, famosa por sus gigantescas estatuas de piedra, llamadas »Moais«. El origen y significado de las mismas constituye un enigma que atrae a muchos visitantes curiosos.
Chile se muestra desde comienzos de este siglo como un país en el que poco a poco van floreciendo conceptos como el de tolerancia y democracia. En este ambiente, no es de extrañar que nuestro país haya dado escritores que obtuvieron el Premio Nobel: Gabriela Mistral y Pablo Neruda. Sin embargo, todo este proceso se vino abajo en 1973 al ser derrocado el régimen democrático de Salvador Allende y ser sustituido por una durísima

Países y lugares

dictadura militar. Recuperada la esperanza y con la tenacidad que nos caracteriza, los chilenos nos esforzamos por levantar de nuevo nuestro país, haciendo de él otra vez un ejemplo para nuestros vecinos.
Chile es en Latinoamérica una síntesis de eficiencia germánica, civismo británico y cultura francesa, es la "Suiza de América", lo cual nos enorgullece mucho a los chilenos.

Reginaldo del Pozo, Valdivia

→ **Complete este texto:**

La capital de Chile se llama ....

Tiene unos .... de habitantes.

Chile está situado entre .... y ....

Tiene 200 km. de .... y 3500 de ....

La famosa isla de Pascua pertenece a Chile. Es famosa por sus ....

Entre otros escritores chilenos importantes tenemos a .... y ....

🎧 Entrevista a una boliviana

→ **Escuche primero el texto. A continuación encontrará la entrevista en la que sólo aparecen las respuestas, ¿podría colocar usted las preguntas? (¡Cuidado!, están desordenadas.)**

1. ¿Hablan todos español?
2. ¿Cuál es la industria más importante?
3. ¿Cuáles son las regiones de Bolivia?
4. ¿Puede darnos alguna información sobre las montañas andinas?
5. ¿Es verdad que los bolivianos hablan lento y claro?
6. ¿Tiene Bolivia salida al mar?
7. ¿Cómo es el clima?
8. ¿Puede hablarnos de algunas ciudades de Bolivia?

Países y lugares

- ...
· En 1879 perdió el litoral en la guerra con Chile, actualmente tenemos salida al Pacífico por Perú.

- ...
· El territorio boliviano tiene tres regiones: el altiplano, las yungas y el llano amazónico.

- ...
· Hay una variedad de climas, depende de la altitud y de la latitud. En el altiplano el clima es frío, durante los meses de verano se cubren de nieve. En las yungas el clima es templado y cálido y en el llano amázonico es tropical, o sea cálido, húmedo y lluvioso.

- ...
· No todos, el idioma oficial es el español, pero también se hablan el quechua y el aymará.

- ...
· La Cordillera Real es la más importante de los Andes bolivianos, es una cadena de nevados, comprende unas 600 cumbres nevadas a lo largo de 800 km. superiores a los 6000 m. Tenemos el Illimani de 6.462 m, el Illampu de 6.396 m, el Jankhouma de 6.427 m. La montaña más elevada de Bolivia es el nevado de Sajama que está a 6.542 m.

- ...
· La ciudad de Sucre es la capital constitucional y sede del alto Tribunal de Justicia del país. La Paz es la ciudad sede del gobierno, está situada a 3.627 m. Otras ciudades importantes son: Santa Cruz, Cochabamba, Oruro y Potosí.

- ...
· Bolivia es un país minero, tiene inmensas reservas de minerales, casi el 85% de las divisas provienen de las exportaciones mineras. El estaño es el producto más importante, pero además exportamos: petróleo, plata, plomo, cinc y café.

- ...
· Bueno, nosotros los bolivianos nos damos tiempo para todo, puede ser por la altura.

2. Mentalidades y costumbres

Los latinoamericanos

Cada pueblo refleja una cultura y costumbres diferentes, herencia del pasado, de los padres que vivieron y nos transmitieron su experiencia de la vida. Hoy, en nuestros días, en el cotidiano vivir, se ve la síntesis que los siglos han marcado y perfilado en su historia, eso es lo que conocemos como tradición y es lo que nos identifica de otros pueblos.

Todos los latinoamericanos debemos saber hacia donde van nuestros pueblos. Merece conocer nuestras raíces, así como su idiosincrasia peculiar porque a todos los pueblos de este continente le han cantado sus poetas, le han llorado sus madres por la pérdida de sus hijos, le han estudiado sus arqueólogos, le han ilustrado sus maestros, le han pintado sus artistas que en su largo recorrido han encontrado el camino acertado.

Latinoamérica de innumerables perfiles, variados pigmentos, infinidad de rostros es un crisol de razas.

Los costeños o criollos tienen la fama de ser despiertos, de un hablar apresurado, ni ellos mismos se comprenden, porque hablan demasiado rápido,

Mentalidades y costumbres

se comen el final de las palabras. En cualquier oportunidad están listos para tenerlo todo bajo control, así como para sacar las ventajas que les ofrece la vida. El costeño es el hombre de mundo, el relaciones públicas que conoce a mucha gente. Le gusta madrugar para ver y estar cerca del mar. Está siempre enterado de lo que pasa, de la moda, del nuevo ritmo, es decir vive al día y acelerado.

Los serranos son un poco lentos en sus acciones, algo tímidos, pensativos, de un hablar pausado y claro como quien mastica sus ideas, fáciles de creer, de voluntad inquebrantable para su trabajo, sinceros y fieles como amigos, el que guarda un secreto, generalmente es de piel cobriza y un poco terco.

El selvático, personaje tímido e ingénuo, desconfiado, de un hablar cantado, pero rápido de pensamientos y ágil de movimiento, aspirante, amigable, trabajador y ahorrativo y nunca se queja si no le va bien. Siempre preparado para aprender y descubrir algo nuevo.

Las costumbres, la música, el baile son interpretados por el alma del pueblo, que se han mezclado con los caracteres raciales: la gracia jacarandosa del español, la melancolía del indio y la alegría sensual del negro. Por algo se dice: "Los latinoamericanos tienen sangre dulce". Tenemos un dicho que reza: "El trabajo puede esperar, la jarana nunca".
Nos gustan las fiestas y la música. Somos dicharacheros, grandes amigos del baile y de las bromas. En ellas se come y bebe hasta la madrugada. Nos encanta irnos de parranda, estar con los amigos. Los niños aprenden a cantar, a bailar y a tocar un instrumento musical antes que el abecedario.

Vivir con esta gente y en este continente tiene su encanto.

Guido Jiménez, profesor, Lima

→ ¿Puede encontrar en el texto las palabras que corresponden a estos términos alemanes?

Primer párrafo:	Erbe; Tradition
Segundo párrafo:	Ursprung; Eigenart
Tercer párrafo:	verschieden; Rasse
Cuarto párrafo:	aufgeweckt; Mann von Welt
Quinto párrafo:	langsam; unbeugsamer Wille
Sexto párrafo:	misstrauisch; fleißig
Séptimo párrafo:	Gewohnheiten; Fröhlichkeit
Octavo párrafo:	Charme

Mentalidades y costumbres

Un cubano en Alemania

Viví con mis padres hasta los 18 años en un hogar rodeado de sol, mar, vegetación, armonía, amor, paz, calor familiar. Muchas veces me preguntaba si realmente era un sueño, puesto que todo esto en un medio comunista... Recuerdo que mi madre me decía: "Lo que recibas en casa de tus padres, podrás darlo en tu futuro hogar, debes vivir la vida intensamente, trata de comprender a los demás, simplemente da y nunca esperes recibir, alégrate por las cosas pequeñas y sencillas que te ofrece la vida, aprende a olvidar lo negativo y a perdonar, conviértelo en amor, busca en todas partes la verdad, justicia y comprensión. Tienes que luchar siempre contra la injusticia, la melancolía, el mal y el egoísmo."

Cuando murieron mis padres en un accidente automovilístico hace cinco años, muchas veces me sentí solo, veía que la vida era lucha, sufrimiento y tristeza, pero aún en medio de las penas también encontraba gozo, felicidad y alegría.

Tío Alfredo, amigos, vecinos, amigos de mis padres venían a verme y a consolarme. Cada persona nace con un camino ya trazado y no debemos mirar hacia atrás, el pensar nuevamente en los pensamientos del día anterior ¡es tiempo perdido!

Tío Alfredo me ofreció enviarme a estudiar fuera de mi país. Le di las gracias, pero le dije que no. Seguramente sería un buen profesional con un título de una universidad europea, sería un oportunista, ganaría algunos dólares más, pero hasta ahora no me he arrepentido de la respuesta que le di.

Un día fui al mar a escribir mis versos de amor. Hay tantas cosas que se pueden amar: la naturaleza del universo, la arena, la brisa, el mar... Me pregunté si el mar visto desde Europa sería el mismo. En ese momento me entraron unas ganas de hacer un viaje al país que admiraba tanto, Alemania, tierra de los grandes "Dichter und Denker". Salir de mi país no era fácil, pero tampoco imposible. Solicité el pasaporte, después el visado para Alemania. Lo conseguí con la ayuda de un gran amigo de mi padre y la ayuda de tío Alfredo. Estuve durante dos meses viajando, vi un poco de sus playas en el norte, Kiel y Hamburgo. Creía que Bonn era una ciudad grande, ya que era la capital de un país del Primer Mundo. Nunca vi a tantos fumadores juntos como en Bonn. Al llegar a Múnich me sentí mejor. Llamé por teléfono a tío Alfredo para decirle que me gustaría aprender un poco de alemán y conocer un poco la mentalidad y me quedé un año. Vi muchas cosas que en mi país son muy diferentes.

Mentalidades y costumbres

Me sorprendió el hecho de que pasaban cientos de personas por la zona peatonal y nadie hablaba. En el metro la gente leía el periódico y ni miraba a la persona que estaba a su lado. Creo que todos llevaban una vida agitada, había poca comunicación, todos iban al son del reloj, serios, parecian estar molestos.

Un camarero español me dijo que la gente se mataba trabajando, para pagar sus gastos mensuales. Tienen casas bonitas, pisos pequeños, autos de lujo, ganan para pagar el alquiler, la comida, sus seguros, el teléfono. Los alemanes pueden ser madrugadores, disciplinados, conservadores, rendidores y organizados, pero me pregunto si eso es vida. ¿Se debe trabajar tanto para poseer algo? Bueno, cada loco con su tema.

No llegué a componer mis versos en Europa, el mar era muy diferente al nuestro, el ambiente no era apropiado. ¿Tiene que salir una persona de su país para apreciar lo suyo? Los cubanos, en general, recibimos de nuestros padres el calor de un hogar, tenemos una música alegre, somos extrovertidos, tradicionalistas, nos gusta el baile, somos felices a nuestra manera. En Cuba no tenemos tantos lujos, tenemos lo necesario, tratamos de buscar nuestra felicidad. Todos disfrutamos de lo que tenemos. Ahora podría decir: tengo la tranquilidad de saber que he luchado, dentro de mis limitaciones, por mi país. Tengo la libertad de saber que me he negado a mí mismo para cumplir con mi pueblo. Estoy tranquilo y me siento feliz. Ese viaje a Alemania me ha hecho ver muchas cosas. Ahora que han pasado casi 16 años de mi viaje, puedo identificarme mejor con mi pueblo.

José Romero, Guantánamo

➡ **Escriba 5 diferencias que, según el autor, hay entre Cuba y Alemania.**

Una tradición loca

Diciembre es la época del año en que se abren las cajas donde se guardan los adornos navideños. Es la fecha en que el Niño sale nuevamente a la luz. Empieza la limpieza, sacudida de polvo de los adornos y del Niño Dios, pero también es la época del tradicional anciano gordo, de blanca barba, de traje rojo con bordes de piel blancos. A Papa Noel se le da mayor importancia que al Mesías. Él baja disfrazado de los cielos a las montañas de nieve en un trineo arrastrado por renos, repartiendo juguetes a los niños de casi todo el mundo.

Mentalidades y costumbres

En la época de Navidad, los comerciantes nos venden postales con escarcha y nieve, algodón para poner en nuestros árboles, trineos - todos los fríos de los países nórdicos en pleno verano latinoamericano...
Buscamos días enteros regalos para los abuelos, padres, esposos, tíos, primos, sobrinos, nietos, hijos, suegros, yernos, cuñados y debemos envolverlos en papeles de regalo, ponerles los moños dorados o plateados. Para los comerciantes, la venta es un negocio redondo.

Esta costumbre se impone cada vez más en nuestro continente, es decir, ya es como una moda en Latinoamérica que se repite cada año en diciembre y a nosotros lo único que nos queda es irnos con la corriente del río europeo y norteamericano. Al final no nos queda más remedio, comprar como pagados y gastarnos todo el dinero del mes.

En las cenas de Nochebuena y Navidad muchos de nosotros comeremos y otros mirarán comer, algo que ya sucedió en las monarquías antiguas de Europa.
Para los creyentes la Navidad es un milagro, es el origen de la religión cristiana: el nacimiento del Mesías. Para los no creyentes es un mito. ¿Es la Navidad una fiesta religiosa? ¿Buscamos la paz y armonía espiritual? ¿Compartimos lo que tenemos con los pobres? ¿Damos amor a los nuestros y a los que lo necesitan? ¿Ya está derrotada nuestra cultura? ¿No tenemos algo propio?

De todos modos, espero que en las Fiestas de Navidad en todos los hogares de la gran familia latinoamericana se mantenga inalterable nuestra vocación de amor, paz y esperanza. Que el Año Nuevo nos depare prosperidad, salud, dicha y muchas bendiciones.

Claudia Alfaro, San Salvador

→ **Estas frases resumen los distintos párrafos del texto. ¿Puede emparejar frases y párrafos?**

a) ¿Qué sentido tiene la Navidad? ☐

b) Se decoran las casas y se saca el Niño Jesús.
También viene Papá Noel. ☐

c) Un deseo de amor, paz y esperanza para las Navidades y el Año Nuevo. ☐

d) Se compran los regalos. ☐

e) La influencia norteamericana y europea cada vez es mayor en Latinoamérica. ☐

Noche de Paz, Noche de Amor

El villancico de la melodía universal por excelencia es interpretada por niños en la Navidad, en diferentes versiones y distintas lenguas que tienen un sólo motivo: buscar la paz y el amor entre los hombres de diferentes pueblos, razas y costumbres.

Noche de paz, noche de amor
Todos duermen en derredor
Entre los astros que esparcen la luz
Van anunciando al niñito Jesús
Brillan estrellas de paz
Brillan estrellas de paz

Noche de paz, noche de amor
Oye humilde el fiel pastor
Coros celestes que anuncian salud
Gracias y glorias en gran plenitud
Por nuestro buen Redentor
Por nuestro buen Redentor

Noche de paz, noche de amor
Ved qué bello resplendor
Luce en el rostro del niño Jesús
En el pesebre del mundo la luz
Astro de eterno fulgor
Astro de eterno fulgor

Encuentros con la historia

María Reiche, la dama del desierto (Perú)

María Reiche nació el 15 de mayo de 1903 en Dresden, Alemania. Ella realizó sus estudios universitarios en esta ciudad graduándose en Matemáticas, Geografía y Física.

En 1932, el cónsul alemán del Cusco ofreció un puesto de maestra para sus hijos. A este puesto se presentaron 85 candidatos, se escogió sólo uno. Ese candidato era ella, María Reiche. Estuvo dos años en el Cusco. En su tiempo libre leía libros de arqueología.

En 1934 se fue a trabajar a Lima como profesora de lenguas y comenzó a hacer traducciones para estudiosos como Julio C. Tello o Paul Kosok.

Con la ayuda de Paul Kosok inició sus estudios arqueológicos y quedó encantada con la posibilidad de que las líneas de Nazca fueran inmensos dibujos, gigantescos calendarios que posiblemente estaban vinculados al movimiento del sol o de la luna, realizados por antiguos nazqueños.

Actualmente es una de las mujeres más admiradas del país. Si ella no se hubiera dedicado íntegramente a este estudio, ¿qué sería hoy de las líneas de Nazca? Ella vive dedicada al estudio de las líneas desde el año 1946.

Durante 10 años vivió en el desierto, en una casucha de adobe, solitaria. Esto le permitió estar más cerca de estos dibujos enigmáticos. Le gustaba dormir al aire libre para observar durante la noche las estrellas de Nazca. Una vez se quedó aislada durante días por las tormentas de arena. Desde aquel entonces tenía una habitación en Nazca. Se levantaba a las cuatro de la mañana y tomaba cualquier carro mañanero para ir a las pampas.

"El Cactus"

Encuentros con la historia

Allí trabajaba en sus excavaciones, buscaba bajo la tierra lo que para otros no era valioso, pero para ella era un medio de investigación. Trabajó bajo el sol, bajo el sofocante calor del desierto nazqueño, con la ayuda de una escoba; barrió kilómetros bajo el sol ardiente. Siempre llevaba consigo un sombrero de paja, una cámara fotográfica, una escalera de tijeras y una escoba.
En 1968 apareció su libro "Secretos del Desierto".

Realmente nadie entendía por que una joven extranjera llevaba una vida así, dedicada a sus apasionadas investigaciones, sin la más mínima aspiración de riqueza o lujo. Muchas veces tuvo que soportar comentarios burlones sobre sus estudios, pero desde hace muchos años es respetada en toda la zona y se ganó no solamente el corazón de los nazqueños, sino también el de los peruanos en general.
En 1975, el gobierno peruano le otorgó la nacionalidad peruana y una pensión vitalicia como un reconocimiento a sus desvelos. En 1993 fue condecorada con la "Orden del Sol" por su contribución a la cultura peruana. Todos los años en su cumpleaños la gente del pueblo de Nazca le canta serenatas y desde las 4.00 de la mañana lo festejan.
Una vez en una entrevista le preguntaron cuál había sido el momento más feliz de su vida. Ella respondió: "El mejor día de mi vida fue cuando fui aceptada para venir al Perú". Dijo también que si todo dependiera de ella repetiría su vida entera con un sólo deseo, el de continuar viviendo entre los misterios del desierto que envuelven las milenarias lineas de Nazca.
En 1995, las Líneas de Nazca han sido designadas "Patrimonio Cultural de la Humanidad".

→ **Relacione las fechas con los datos biográficos:**

En 1903	el gobierno peruano le otorgó la nacionalidad peruana.
En 1932	vivió en el desierto estudiando estos dibujos enigmáticos.
En 1934	vive dedicada al estudio de las líneas Nazcas.
Desde 1946	se fue a Lima y comenzó a hacer traducciones.
Durante diez años	fue condecorada con la "Orden del Sol".
En 1968	apareció su libro "Secretos del Desierto".
En 1975	nació en Dresden.
En 1993	se fue a Cusco como maestra para los hijos del cónsul alemán.

Los mayas

→ **Primero escriba si estas afirmaciones son "verdad" o "mentira". Después lea el texto y compare los resultados:**

	V	M
1. La cultura maya tuvo su esplendor entre los siglos III y XII de nuestra era.		
2. Los mayas carecían de escritura. Sólo sabían medir.		
3. Los mayas crearon una gran arquitectura gracias a su conocimiento de la rueda.		
4. Hacia el año 1000, los mayas fueron de Guatemala a la península de Yucatán.		
5. Los mayas desaparecieron hacia el siglo XIV.		
6. Mérida, el antiguo poblado maya, es un centro de la cultura yucateca.		

El imperio maya en la región mesoamericana marcó el pasado histórico en especial de Guatemala, sur de México, Belice y El Salvador. Era una de las más sobresalientes y antiguas civilizaciones de América, al lado de la azteca (México) y la de los incas (Perú).

La cultura maya clásica tuvo su período de esplendor entre los siglos III y XII de nuestra era.

Era una civilización obsesionada por el paso del tiempo. Los mayas inventaron un calendario y tenían observatorios astronómicos. Se caracteriza también por haber empleado sistemáticamente la escritura jeroglífica y por haber desarrollado sistemas de medición tan avanzados que después fueron empleados por sus propios descubridores.

El "Palacio" de Palenque (México)

Los mayas crearon una arquitectura grandiosa - sin conocer la rueda ni herramientas - que comprende templos, pirámides, esculturas y bajorelieves. Enriquecieron sus ciudades - Tikal, Palenque, Copán, Bonampak, etc. - con un gran número de espléndidas construcciones.

Hacia el año 1000 los mayas abandonaron la región de Guatemala y se trasladaron a la península de Yucatán. Al mismo tiempo apareció la civilización tolteca que influyó el arte maya. Por ejemplo la pirámide con escaleras a los cuatro lados es de orígen tolteca.
Las ciudades más importantes de este período son: Chichén Itzá, Uxmal y Mayapán.

Hacia 1400, cien años antes de la conquista española, la civilización maya entró en un período de descomposición política. Sin embargo, la conquista no finalizó hasta 1700.

El poblado maya, que los españoles encontraron en la ciudad de Mérida, les impresionó por la armonía de su trazado urbano, por ello la bautizaron como su ciudad hermana extremeña. Hoy en día esta ciudad es un punto vital de la cultura yucateca. Las tertulias en los cafés y restaurantes le dan una atmósfera nostálgica que contrasta con la explosión y el colorido de su Mercado Municipal, donde actualmente los mayas venden sus guayaberas, huipiles, hamacas, sus exquisitos e inolvidables tacos y tamales de maíz.

Panamá, puente del mundo

Antes de la llegada de los españoles, Panamá estaba habitado por los indios caribes y chiapas. En la época de la colonia, fue un lugar importante para el comercio. Desde aquí se transportaron todos los tesoros de nuestro continente hacia España, pero también se convirtió en el lugar de asalto de los piratas.

Después de la independencia de España, en 1821, perteneció al territorio de la Gran Colombia con el nombre de "Departamento de Istmo", junto con Venezuela, Ecuador y Colombia. El 3 de noviembre se celebra la Fiesta Nacional, es el día de la separación de la Gran Colombia en 1903. Los Estados Unidos reconocen a la reciente República y acceden a la construcción del canal. Este fue inaugurado en 1914.

Hoy en día es un lugar de enlace entre el Océano Atlántico y el Océano Pacífico, gracias al Canal de Panamá. O sea que el territorio está dividido en dos partes por el canal interoceánico. Éste tiene 76 km de longitud. Debido a su situación geográfica y la importancia del Canal, el tráfico es enorme. Anualmente es cruzado por 14.200 barcos.

En 1977 Panamá y Estados Unidos firmaron un tratado por el que EE. UU. se comprometen a devolver el canal en el año 2000.
Dos años después, el 1 de octubre de 1979, se firmó el tratado de transferencia. Según estos acuerdos, Panamá recuperó su soberanía sobre el territorio de la zona del Canal; por lo tanto, desapareció el gobierno dependiente de los Estados Unidos.
El 31 de diciembre de 1999 el canal pasará completamente a la soberanía de Panamá.

→ **Trate de ordenar estos sucesos cronológicamente:**

a) Indios caribes y chiapas

b) Construcción del Canal de Panamá

c) Independencia de España

d) Tratado de transferencia

e) Pertenencia a la Gran Colombia con Venezuela, Ecuador y Colombia

f) El Canal pasa a la soberanía de Panamá

g) Epoca colonial: etapa comercial y piratas

h) Separación de la Gran Colombia

i) Se firma un tratado por el que se devuelve el canal

De paso por Nicaragua

Nicaragua es el país más extenso de América Central y uno de los países que ha pasado por momentos muy difíciles en su historia.
Los nicaragüenses se han preparado para hacer frente a la invasión yanqui, una guerra demasiada sangrienta. En julio de 1979 triunfó la Revolución Popular Sandinista.

En mayo de 1979 empecé a viajar por América Central. Aquel día que llegué a Nicaragua, había comenzado la ofensiva final. Después de llegar al aeropuerto de Managua, salí en busca de un taxi. El aire era tibio y de un ambiente tropical. Subí al taxi, le saludé amablemente al taxista y le dije: "Al centro, por favor". El taxista me contestó:"¿Al centro? Managua no tiene centro."
En el camino al hotel, el taxista me contó que los terremotos de 1931 y 1972 habían destruido la ciudad y que el volcán Cerro Negro, el más activo del país, estaba a 60 km. NO de Managua.

Otra cosa que me impresionó fue pasar por avenidas con grandes letreros: "La victoria es de los obreros y campesinos", "Si tu enemigo tiene hambre, dale de comer", "Todos unidos venceremos", "Dios está con los pobres", "Toda Nicaragua lucha por su dignidad, su soberanía, su libertad y su justicia".

Al día siguiente me desperté a las 7.00 de la mañana y me fui a desayunar al mercado Roberto Huembes (un sandinista que cayó combatiendo contra la Guardia Nacional de Somoza). Allí, la comida es buena y barata. Las vendedoras preparan unas tortillas de maíz fantásticas y buenos zumos de fruta fresca, mejor que en un hotel de cinco estrellas. Si tú vas por allí, pruébalo, y verás que tengo razón.

Por las calles vi a muchos jóvenes con uniforme hablando y riendo y todos llevaban un fusil. Me sentí un poco incómodo. Tuve que tomar un autobús para ir a la Iglesia Bautista. A los pocos minutos el autobús se estropeó y todos tuvimos que tomar otro. Me costó acostumbrarme a ir en autobuses, no había muchos y para cruzar la ciudad tardaban una eternidad, porque paraban en cada esquina, y para subir a uno hay que hacer cola. ¡Con paciencia se alcanza el cielo!

Saliendo de la iglesia hablé con unos jóvenes que llevaban uniforme. Lo que más me impresionó era saber que están orgullosos de llevar un fusil, dispuestos a combatir en cualquier momento para que Nicaragua siga siendo libre. Estaban dispuestos a luchar todos juntos y entregar sus vidas por su patria antes de ser humillados.

3 Encuentros con la historia

Para ir a Ocatal tenía que tomar un autobús, en el mercado de Managua, allí están los terminales. El paisaje durante el trayecto era hermoso, flora exhuberante y tropical. El cielo celeste era claro y puro con una intensa luz.

En una pausa que hicimos en un pueblito, vinieron niños, señoras gritando para ofrecernos a los viajeros fruta en canastos, bebidas: "¡Fruta, fruta!, ¡Refresco, refresco!".

Después de cinco horas de viaje llegué a Ocatal.
Fui caminando a La Casa Cristiana, porque traía un paquetito y dos cartas para unos pastores cristianos suizos. Allí me quedé una semana a compartir momentos con mis amigos.
En Ocatal, vi en la calle a hombres, mujeres, niños uniformados con sus fusiles. Todos se iban a Jalapa a luchar, un pueblo más al norte. En mi último día pensaba que allí todo el mundo estaba loco. Mujeres, niños en una guerra... Uno de los pastores me dijo: ellos van a luchar, no defienden riqueza, ni un imperio, sino su derecho, el derecho que tiene todo pueblo de ser libre y soberano.

Demasiada sangre derramó este pueblo en la guerra que libró por su libertad y por primera vez cogió Nicaragua las riendas de su propio destino.

Guido Jiménez, profesor, Lima

→ **Trate de responder a estas preguntas.**

1. ¿Cuándo triunfó la Revolución Popular Sandinista?
2. ¿Por qué no hay centro en Managua?
3. ¿Qué desayunó el autor en el mercado?
4. ¿Qué problema hay con los autobuses?
5. ¿A qué están dispuestos los jóvenes en Nicaragua?
6. ¿Cuánto duró el viaje hasta Ocatal?
7. ¿Por qué fue el autor a la Casa Cristiana?
8. ¿Por qué luchaba la gente?

4 Presente y futuro

Un continente rico con gente pobre

En las últimas décadas Latinoamérica se ha caracterizado por ser el continente donde las masas se multiplican a ritmo acelerado. Y segundo, por tener la más alta tasa de expansión urbana en todo el mundo.
Esta expansión de las urbes representa uno de los rasgos principales del subdesarrollo de América Latina. Actualmente tenemos una creciente concentración de habitantes en nuestras ciudades, la gente se ubica allá donde ve posibilidades. Las ciudades concentran la mayor parte del ingreso. La gente no tiene posibilidades de sobrevivir en el campo y emigra a las ciudades en busca de trabajo. Esta emigración es incesante y se puede observar claramente en el crecimiento dramático de las ciudades latinoamericanas y las desigualdades sociales que existen en cada uno de nuestros países.
Tenemos zonas bien planificadas con todas las comodidades y servicios modernos donde habita la gente de ingresos más altos.
En las zonas periféricas de las ciudades habita la gente que carece de la mínima infraestructura. En estas zonas viven emigrantes del campo en un ambiente de terribles lacras sociales como la delincuencia, el alcoholismo, la prostitución y la drogadicción.

Cuesta entender como en un continente con subsuelos tan ricos, tierras tan fructíferas pueden existir hombres tan pobres. Familias completas atraidas por la esperanza de elevar su nivel de vida y conseguir un lugar en el circo mágico de la civilización urbana dejan sus pequeñas aldeas y van a vivir a las barriadas de Lima, a las favelas de Rio de Janeiro, a las callampas de Santiago de Chile, a los jacales o barrios de emergencia de México, a los barrios de Caracas, a los cantegriles de Montevideo, a las villas miseria de Buenos Aires. Todos estos lugares están formados por viviendas de lata, barro, cartón y madera. Su gente despierta antes de cada amanecer en estos cinturones de las ciudades. En Caracas a esta gente se la llama "los toderos", porque su quehacer diario es variado, ellos hacen de todo.

Todos creemos ciegamente que debemos salir del subdesarrollo, nos han llamado "países en vía de desarrollo". Sin embargo no debemos olvidar que, de algún modo, "desarrollo" significa esclavitud de la máquina, economía de consumo, automatización de la vida, contaminación, desequilibrio ecológico..., etc.

Presente y futuro

A los Latinoamericanos nos falta la infraestructura de los países del Primer Mundo, pero por otra parte, nos sobra naturalidad, espontaneidad, alegría de vivir, entusiasmo. No estamos sometidos a una rígida disciplina. Nuestro continente es relajado y divertido, nuestro castellano es pegadizo y vivo. Todos vivimos en una amalgama de diferentes culturas y formamos un crisol vivo de ellas.

Darío Ramírez Sotelo, Maracaibo

 ¿Cuál es, según el autor, el mayor problema que tiene la sociedad latinoamericana?

Un continente que espera desarrollo

La integración económica y el libre comercio a nivel continental son las claves para mejorar las condiciones de trabajo, el nivel de vida y la protección del medio ambiente.

El proceso de negociación de libre comercio se inició en enero de 1995. Los ministros responsables del comercio de las Américas tuvieron la primera reunión en junio; en marzo de 1996 hubo otra para analizar la marcha del proceso negociador. La próxima reunión tuvo lugar en abril de 1997.

A partir del año 2005 se eliminarán los obstáculos arancelarios que afectan el comercio, la inversión, los servicios, subsidios, derechos de propiedad intelectual, las compras de gobierno. Éste fue el pacto acordado de los 34 mandatarios de diferentes estados americanos que celebraron en Miami una asamblea que denominaron "La Cumbre de las Américas". El presidente estadounidense Bill Clinton la clausuró con un discurso final en el cual habló de la necesidad de ampliar y profundizar la integración económica. Para lo cual será necesario compatibilizar los diferentes acuerdos entre países, como el Pacto Andino, el Mercosur, el Tratado de Libre Comercio de Norteamérica y los mercados comunes de Centroamérica y el Caribe.

Los gobiernos formarán también una Comisión de Asuntos Financieros que estudie las medidas para promover la integración de los mercados de capital, para revisar los problemas de la deuda externa y la liberación de los movimientos de capital. El Plan de Acción para el libre comercio y la integración económica constará de resoluciones adicionales para ampliar y fortalecer la cooperación en materia de infraestructura, tecnología, turismo, ciencia y energía.

Guido Jiménez, economista, Lima

El petróleo y la pobreza (Venezuela)

Los políticos son los únicos que saben lo que le conviene a Venezuela para mejorar su triste situación económica que ha sido provocada por ellos mismos.
Venezuela planea invertir dinero de los EE. UU. de 60 a 70 millares de dólares, ya que quiere aumentar su capacidad hasta 5,5 millones de barriles diarios de petróleo. Esta empresa empezaría en 1996 y acabaría el año 2005.

El gobierno supone que:
- La OPEP (Organización de Países Exportadores de Petróleo) se va a reducir a seis integrantes - Irac, Irán, Arabia Saudita, Kuwait, Emiratos Árabes Unidos y Venezuela - hasta el año 2005.
- La demanda mundial del petróleo crecerá pasando de los actuales 68 millones a 84 millones de barriles de petróleo.
- Los precios de este producto subirán hasta el 2005.
- El gobierno actual desea invertir, ya que éste es el único sector económico productivo en Venezuela.

Estas premisas que el gobierno utiliza para la inversión del capital venezolano tal vez sean posibles. Siempre invertimos millones, pero nunca los vemos después.
Actualmente son doce los países miembros de la OPEP. ¿Qué pasará con Indonesia, Libia, Nigeria, Argelia, Gabón y Qatar? ¿Ya no tienen petróleo? ¿Qué ocurre si otro país quiere ser miembro de la OPEP?
Desde hace diez años la demanda petrolera ha crecido lentamente, los países industrializados tienen sus cifras casi inmovilizadas. No creo que sea posible que en este año estos países consuman 16 millones más de los que actualmente consumen.
Los pozos de todos los países de la OPEP se están agotando. Claro que el petróleo crudo no se terminará mañana, pero tampoco durará cien años, sin embargo, el gobierno venezolano cree que nuestros recursos son infinitos.
Por otro lado, nos preguntamos cómo en un país petrolero puede haber tantos pobres. La pobreza está en medio de nosotros y está afectando como nunca a la población venezolana. La campaña del CESAP, Centro de Servicios de la Acción Popular, bajo el lema: "La gente primero, la deuda después" fue aceptada por el pueblo.
El gobierno actualmente fomenta una sociedad dual donde domina una minoría rica, frente a una mayoría empobrecida.
El gobierno planea todo para mañana, pero no puede solucionar ni los problemas de hoy.

Guido Jiménez, economista

Presente y futuro

→ **De estas frases sobre el texto, ¿con cuáles está de acuerdo y con cuáles no?**

1. Venezuela invertirá de 60 a 70 millares de dólares en la empresa del petróleo.
2. La OPEP se reducirá a seis integrantes.
3. La demanda mundial del petróleo crecerá.
4. Los precios de este producto subirán.
5. El gobierno actual invertirá en esta empresa.
6. Los pozos de petróleo se agotarán.

El tejido, herencia inca (Perú)

→ **Escuche el texto y trate de completar esta información:**

1. ¿Dónde se venden las confecciones?
2. ¿Por qué se está perdiendo la tradición del tejido?
3. ¿De qué material y de qué colores son los trajes típicos?
4. ¿Cómo era el arte del tejido en época de los incas?
5. ¿Son todos los trajes iguales?

Desde tierna edad las niñas ayudan a sus madres y aprenden a tejer para que cuando sean mayores puedan ganarse la vida de esta forma. Venden sus confecciones o tejidos en los mercados artesanales a los turistas.

Venta de tejidos

Actualmente es bastante difícil preservar las habilidades del tejido que, como arte, están perdiéndose. Tejer es parte de nuestra cultura tradicional. Los adolescentes de hoy en día no sienten estima por este arte y se dejan seducir por la vida moderna.

En la tradición inca las polleras (faldas), monteras (sombreros), chumpis (cinturones), bolsas, mantas y ponchos están tejidos con hilos de vivos colores que reflejan rasgos de nuestra historia. En ellos coexisten elementos de origen prehispánico, colonial y moderno.

Nuestros antepasados tejieron telas finas de algodón en colores firmes y de alta calidad con diseños tradicionales. Aparte de tejer las prendas de uso cotidiano y ceremonial confeccionaron telares con hilos de oro para el inca. En aquella época había escuelas de artes con talleres, como también especialistas textiles para cada oficio: tejedores, tintoreros, bordadores e hilanderos.

El hilado a mano de algodón, de lana y el tejido de los telares de cintura son de la época precolombina que heredamos de nuestras abuelas, quienes a su vez las heredaron de las suyas. En más de 150 regiones se conserva un traje distintivo. En cada comunidad los trajes varían según la localización geográfica, la edad, el diseño y el nivel económico del que lo lleva.

5 Fiestas, comidas y bebidas

La fiesta del carnaval (Panamá)

En muchos países del mundo, la llegada del mes de febrero significa "carnaval". Bueno, nosotros también lo celebramos este mes. En Panamá dura cuatro días: el sábado, domingo, lunes y martes de carnaval, pero hay un día muy especial que es el domingo: Día de la Pollera. La pollera es una falda larga y amplia que lucen las mujeres, está confeccionada totalmente a mano por nuestras madres o abuelas. El conjunto de pollera y blusa puede ser de dos colores: blanco y rojo, blanco y naranja, blanco y verde y muchas otras combinaciones. Los accesorios que lleva la mujer son de oro, pueden alcanzar un valor de 3.000 dólares.

El hombre, para ese día, se pone unos pantalones negros y una camisilla (camisa blanca). El sombrero y los zapatos forman parte de nuestra indumentaria típica.

Estos días nuestra ciudad de Panamá se viste de gala, es el centro de la fiesta, de la alegría, de la juventud y del color. Entre las 11.00 y 11.30 de la mañana empieza el desfile en el centro bancario o en la Vía España. Niños, jóvenes y adultos salen a sus calles. Los ancianos no se quedan atrás, contemplan desde sus balcones la fiesta de alegría. Los visitantes invaden la ciudad, se llenan las calles de gente. Toda la ciudad vive un ambiente de fiesta. El bullicio y la alegría reinan por doquier.

Después de un espectáculo folklórico, desfilan las reinas y las mejores polleras del carnaval. Vistosos carros alegóricos hacen su recorrido por las calles principales de la ciudad, siendo aclamados por miles de personas que llegan de todo el mundo a la ciudad para ver esta fiesta. Todo este domingo de carnaval, se escucha música típica como: el punto, la cumbia, el tamborcito panameño y otras muchas canciones cantadas por nosotros mismos. Se comen tamales, pollo al jerez, a la panameña, pernil chiricano. Todos vivimos momentos de alegría y gozo, lo importante es divertirse.

No sólo se lucen nuestras polleras en los días de carnaval, sino que también nos las ponemos en cualquier evento por muy pequeño o insignificante que sea. Siempre verá usted en Panamá una pareja bien vestida luciendo su traje típico panameño.

Mercedes García, San Cristóbal

Fiestas, comidas y bebidas 5

→ **De acuerdo con el texto, coloque estas palabras en la columna correspondiente:**

Carros alegóricos - cumbia - tamales - pantalones negros - reinas - punto - accesorios de oro - pernil chiricano - sombrero - blusa - visitantes - pollo a la panameña - camisilla - tamborcito panameño - pollera.

Traje mujer	traje hombre	desfile	música	comida

La tierra de los incas y la Fiesta del Sol (Perú)

Cuando faltaban lluvias, por motivos de guerra, antes de sembrar o cosechar, los incas rendían culto a sus dioses menores: la luna, las estrellas, la luz, el rayo, el relámpago, el trueno y daban gracias a su dios principal, "Inti", el Sol. Después de un trabajo intenso como el construir puentes, caminos, palacios, fortalezas, escuelas o faenas agrícolas era necesario descansar y durante este descanso festejaban.

La fiesta más pomposa era la fiesta del "Inti Raymi", palabra quechua que significa "Fiesta del Sol". Se festejaba en abril, época de la cosecha, y duraba una semana. Si la cosecha de maíz era buena, se tenía que agradecer al dios Sol. Todos esperaban la noche cantando y bailando. Antes del amanecer todos estaban descalzos con la mirada dirigida al oriente, esperando la salida del sol y la señal del inca para arrodillarse y adorar al Astro Rey. El inca entraba sentado en su "tiana" o trono, llevado a hombros de sus valientes hombres. El hijo del Sol estaba vestido de gala con un "uncu" tejido por las Vírgenes del Sol. Después el inca

Fiestas, comidas y bebidas

se ponía de pie tomando en la mano dos vasos de oro con chicha - cerveza de maíz -, un vaso para su dios Sol y otro para él.

Concluido este acto, realizaban sacrificios, ceremonias religiosas en honor a su dios, sacrificando una llama negra. Los sacerdotes tumbaban al animal con la cabeza dirigida al oriente, y le cortaban el pecho con un tumy filudo, cuchillo inca, y le sacaban el corazón palpitante. Viendo este órgano podían pronosticar sus buenas o malas épocas. La gente cantaba y repetía sus oraciones. Después iban al "Templo del Sol" para adorar el enorme disco de oro.

Hoy en día el Inti Raymi se festeja el día 24 de junio. Esta representación se realiza en la explanada de Saqsayhuamán en el Cusco, antigua capital inca. Tiene un gran valor folklórico.

En esta "Semana del Cusco" también se festeja el Corpus Cristi, fiesta en la que se mezcla la tradición y la religión católica.

→ **¿Verdadero o falso?**

	V	F
1. Inti era el dios principal de los incas, el Sol.		
2. Inti Raymi significa dios de la cosecha.		
3. El inca entraba sentado en su trono elevado a hombros.		
4. En la ceremonia se sacrificaba una oveja negra.		
5. Después la gente iba al templo del Sol para adorar el enorme disco de oro.		
6. Hoy en día el Inti Raymi se celebra el 24 de diciembre.		

Las chicherías peruanas

Son establecimientos para la venta de "chicha y piqueos". Los peruanos costeños dueños de una chichería suelen poner en la puerta una caña y en la punta de ella amarran una servilleta blanca y esto muestra que venden chicha. Si la chichería luce una servilleta blanca, a la vez cuelga de ella una hoja de lechuga y un ají amarillo significa que hay causa, piqueo, música y alegría.

Los peruanos serranos ponen como símbolo de una chichería una servilleta y un ramito de flores.

A medio día antes del almuerzo y a las 6.00 de la tarde son las horas de beber la chicha. Los peruanos siempre encuentran un pretexto para ir a beber su chichita.

La chicha no es una sola ni de calidad única. Cada chichería la hace con un sabor diferente y un sello personal. Esto depende de la calidad de los ingredientes y del tiempo de fermentación.

La buena chicha es el resultado de usar jora de primera calidad, buena chancaca o miel. Para su mejor conservación se hace en botijas de barro herméticamente cubiertas con cuero.

A pesar de la modesta apariencia de las chicherías, su fama es internacional. No importa la hora, el lugar o quien sea usted, no deje de probarla.

Pisco Sour

El pisco sour es el aperitivo latinoamericano más famoso que le da una entonación especial a nuestra comida. Es originario del Perú.

Ingredientes:
   (para seis personas)
   1/2 taza de zumo de limón
   1 taza de pisco de caña
   1/2 taza de azúcar
   3 tazas de hielo
   2 claras de huevo
   Amargo de angostura al gusto

Preparación:
   Pon todos los ingredientes en la licuadora.
   Licúalo, sirve en copas el cóctel. Pon finalmente unas gotas de angostura.

Tamales, tacos, guacamole y tequila (México)

La cocina mexicana es una cocina de sabores variados y exóticos.
Esto hace que sea famosa en el mundo entero. Con el paso de los siglos se han combinado la cocina autóctona con la española y ha nacido una cocina con sabores fuertes. Los platos están hechos a base de maíz, chile, fríjoles y papas. La originalidad de sus platos y variedad de su comida hacen que México sea un país mágico para el paladar.

Fiestas, comidas y bebidas

Los tamales, dulces o salados, pertenecen a la cocina tradicional mexicana. La masa de maíz es envuelta en hojas remojadas y las pequeñas porciones son cocidas a vapor. Los tamales son una especialidad latinoamericana que heredaramos de nuestros antepasados. Las tortillas con algún relleno dobladas por la mitad son las "quesadillas." Fritas y enrolladas son los tacos, presionadas por los bordes son las "gorditas" o "picadas".

Tequila es un pueblo del Estado de Jalisco, tierra de los mariachis y de la pelea de gallos. Tiene unos 20 mil habitantes, todos ellos se dedican a la elaboración del tequila. Es aquí donde nació este producto que lleva el sol y el agua en él: se obtiene de la destilación del agave.

El tequila es el que les da aroma y ese sabor especial a las fiestas mexicanas. Hay cuatro tipos de tequila: añejo, blanco, reposado y dorado. Hay muchas maneras de beberlo, tequila con sangrita, tequila macho con chile y sal, tequila *sunrise* con jugo de naranja, pero el más conocido es el tequila con sal y limón.

El consumo del tequila ha aumentado durante estos últimos años. En México se produce 76 millones de litros al año. En el país se consume unos 30 millones de litros al año y en el extranjero 46 millones que son vendidos a 80 país y sus ventas anuales llegan a unos 125 millones de dolares.

Tacos de pollo

Ingredientes:
> 20 tortillas
> 250 ml. de crema fresca
> 250 g de queso parmesano
> 2 pechugas de pollo cocidas
> 1/2 cebolla picada en rebanadas
> 1/4 de lechuga
> Aceite de maíz
> 20 palillos

Preparación:
> Se desfibran las pechugas de pollo, se rellenan y se enrollan las tortillas cuidadosamente sin dejar salir el relleno y se pinchan con los palillos.
>
> En una sartén se pone el aceite a calentar y se fríen los tacos, por las dos caras y no deben quedar duros. Finalmente se sacan de la sartén y se dejan escurrir para quitar el exceso de grasa.
>
> Se colocan en una bandeja y se les agrega la crema, las cebollas en rodajas, la salsa de queso y, por último, la lechuga picada.

Fiestas, comidas y bebidas   5

Guacamole

Ingredientes:
2 aguacates maduros
1 cebolla picada fina
1 tomate grande pelado
Unas gotas de jugo de limón
Sal, tabasco al gusto

Preparación:
Partir los aguacates por la mitad, sacar los huesos, extraer la pulpa. Machacarla y rociarla con el jugo de limón, mezclar con la cebolla picada, el tomate. Agregar el tabasco y la sal.
Servir con trozos de tortilla.

Salsa de aguacate

Ingredientes:
1 aguacate
Cilantro
1/2 cebolla
1 chile verde
Sal al gusto

Preparación:
Picar el cilantro finamente. Licuar la cebolla, el chile sin semillas, el aguacate y la sal al gusto. Agregar el cilantro y licuarlo todo.
Servir con tacos.

→ **1. Estos dos textos se han mezclado. ¿Podría separarlos?**

Son establecimientos para la venta de chicha y piqueos. La originalidad de sus platos y variedad de su comida hacen que México sea un país mágico para el paladar. El consumo del tequila ha aumentado durante estos últimos años. A mediodía antes del almuerzo y a las 6.00 de la tarde son las horas de beber la chicha. Hay cuatro tipos de tequila: añejo, blanco, reposado y dorado. Esto depende de la cantidad de ingredientes y del tiempo de fermentación. Los peruanos siempre encuentran un pretexto para ir a beber su chichita. Tequila es un pueblo del Estado de Jalisco, tierra de los mariachis y de la pelea de gallos. Los platos están hechos a base de maíz, chile, fríjoles y papas. La buena chicha es el resultado de usar jora de primera calidad, buena chancaca o miel.

→ **2. La preparación de estos platos típicos está escrita utilizando varias estructuras: imperativo, *se* + presente e infinitivo.**
¿Podría cambiarlas? Por ejemplo, escribir la preparación del Pisco Sour en infinitivo o la del guacamole con *se* + presente.

Deporte

Gabriela Sabatini, estrella del tenis (Argentina)

Gabriela Sabatini Garófalo nació el 16 de mayo de 1970 en Buenos Aires, en el barrio de Almagro. A los seis años empezó a jugar al tenis en el frontón de River Plate. El profesor Daniel Fidalgo la observó y, deslumbrado por su naturalidad para esgrimir la raqueta, la invitó a participar en la escuela de tenis que él dirigía. Ganó torneos metropolitanos y nacionales. El tenis se transformó en su vida.

A los 12 años ganó el Mundialito Infantil en Caracas y a los 14 conquistó a todo el mundo con su juego. Fue campeona Mundial Juvenil en singles y dobles después de ganar Roland Garros. Esto la convirtió de golpe en una niña tenista. A esta edad era tímida.

Los fotógrafos le pedían una sonrisa para las cámaras y algunas palabras para los micrófonos, pero era imposible. Gabriela estaba acostumbrada a los gestos y monosílabos.

En octubre de 1984, a los 15 años, ganó su primer torneo profesional: El Abierto de Japón. Logró ganar la medalla de plata en los Juegos Olímpicos de Seúl en 1988. Sus grandes golpes como tenista están ligados a Nueva York. Allí ganó el Abierto de Estados Unidos en 1990, fue finalista en Wimbledon en 1991.

Sabatini fue ganadora de 32 torneos y más de 15 millones de dolares. Gana el doble con la publicidad y sus perfumes, pero actualmente el tenis es una parte importante de ella. En la cancha se la ve coqueta y femenina. Se arregla el pelo con una colita. Una de las cosas que no le gustan del tenis es que las chicas se ponen muy masculinas.

Gabriela Sabatini tiene un club de fans en Italia, Roma. Los ingleses fanáticos gritan por ella en Wimbledon. En EE.UU. la comunidad de los latinoamericanos la adora y todos la persiguen en busca de su autógrafo. Gabriela recibe propuestas matrimoniales por correo de todo el mundo, pero simplemente a ella le atrae un hombre protector, cálido, sensible, cariñoso y hogareño.

Esta mujer tenista encierra un misterio, ¿tiene un ángel? ¿Es atractivo su estilo? ¿Es el ser mujer? ¿Qué es lo que conmueve a las tribunas del mundo entero?

Adaptado de *La revista del Clarín*, "Viva" (Buenos Aires)

Deporte 6

→ **a) Escriba frases utilizando estas fechas, según el modelo:**

1970: Gabriela Sabatini nació en el barrio de Almagro.

1976: _____

1982: _____

1984: _____

1988: _____

1991: _____

→ **b) ¿Puede escribir algunos adjetivos para describir su personalidad?**

Deportes en los Andes

Los Andes constituyen el sistema montañoso más importante de Latinoamérica y las montañas de estas inmensas cordilleras sirvieron de cuna para el turismo. Eran pocos los visitantes que venían a esquiar a finales de los años setenta, pero ahora los Andes se están convirtiendo en el paraíso del esquí, que sigue siendo el deporte más atractivo.

Hay toda una serie de deportes que se pueden practicar en esta región, por ejemplo: el esquí, el esquí de fondo, el parapente, el andinismo, el buceo, la caza, el recorrido en bote por los ríos caudalosos, el canotaje, las caminatas, las cabalgatas, el montain bike, etc.

Argentina, Chile, Bolivia, Perú, Venezuela, Colombia y Ecuador cuentan con innumerables montañas que brindan excelentes condiciones para practicar el andinismo.

La mayoría de las montañas tienen más de 5.500 metros sobre el nivel del mar, una realidad que atrae mucho a los turistas europeos, ya que el Monte Blanco llega sólamente a 4.819 metros. La mayoría de estás montañas son accesibles y pueden ser escaladas en tres días. Sin embargo, es recomendable el uso de un equipo técnico de seguridad, porque también puede ocurrir un accidente en ascensiones sin dificultad técnica. Hay otras montañas para las cuales se necesitan semanas para aproximarse a ellas, por ejemplo el Chimborazo.

Deporte

Argentina brinda a sus visitantes casi dos millones de kilómetros cuadrados. La industria turística argentina es la que más ha crecido durante los últimos años.

Se puede hacer trekking, padre del turismo alternativo, en la Patagonia, una aventura en la selva misionera o en el Parque Nacional de Iguazú, según la capacidad y aptitud física de cada uno.

Para el rafting, el río Mendoza es ideal, ya que corre caprichoso y turbulento en las cordilleras de los Andes. Las empresas especializadas proveen el equipo completo: chalecos salvavidas, cascos y remos.

Los países andinos son un paraíso para el esquí de fondo. Catedral es la sede de las competencias de esquí alpino. Las Leñas es el lugar preferido por los europeos, porque las pistas más largas se encuentran allí.

→ **Relacione los lugares con los deportes:**

Trekking	Catedral
Rafting	Patagonia
Competiciones de esquí alpino	Parque Nacional de Iguazú
Montañas difíciles	Río Mendoza
Aventura	Las Leñas
Pistas más largas de esquí alpino	Chimborazo

La pelea de gallos

→ **Lea las siguientes afirmaciones y escriba si son "verdad" o "mentira". Después lea el texto y compruebe cuántas ha acertado:**

	V	M
1. Los gallos de pelea se crían junto con otros gallos para que se acostumbren a la compañia.		
2. „En menos que canta un gallo" significa hacer algo antes de que salga el sol.		
3. Las peleas de gallos son famosas porque se juega mucho dinero.		
4. Los gallos se alimentan a base de carne sin grasa, maíz y perejil.		

Deporte 6

Las corridas de toros y las peleas de gallos están consideradas como una expresión del alma popular de los pueblos españoles y latinoamericanos. Hoy en día son populares las sanguinarias peleas de gallos por las cantidades elevadas que la gente apuesta.
Los gallos de pico y los gallos de navaja son entrenados para pelear desde su nacimiento por jugadores y entrenadores duchos.
Se les alimentan a base de carne sin grasa, maíz y perejil y se crian en jaulas grandes y sin contacto diario con otros gallos.
Cada día se les enseña a saltar y pelear con una técnica especial para entrenar su agilidad y valentía. Dos o tres veces a la semana se les hace pelear con otros gallos de su misma edad, peso aproximado y categoría.

En las festividades populares y familiares son la atracción de las celebraciones. Generalmente en casi todos los pueblos hay criadores, aficionados y expertos capaces de catalogar con una mirada la capacidad luchadora del animal y allí nacen los grandes desafíos entre el dueño y el catalogador. Anualmente se efectuan torneos para este ocio que son ocasiónes para festejar y otorgar un premio al mejor criador y dueño.

Los gallos juegan un papel importante en el lenguaje cotidiano, porque generalmente representan valentía y orgullo, por ejemplo:
„ser muy gallo" significa ser muy valiente o guapo. "Ser el gallo del pueblo", ser el que manda. "Alzar el gallo" quiere decir mostrarse arrogante. "Soltar un gallo", soltar una nota falsa. "En menos que canta un gallo" significa en un instante y "Gallito" quiere decir persona fanfarrona.

Los caballitos de totora (Perú)

En la ciudad de Trujillo, Perú, los caballitos de totora se alinean en las playas y existen desde la época pre-incaica.
Los caballitos de totora son barcas de totora prensada, miden de tres a cuatro metros de largo, tienen puntas agudas que se elevan hacia arriba; sus cuerpos están amarrados con cordones y son insumergibles.

41

Deporte

Los pescadores los transportan en el hombro. Una vez que están en el agua, saltan sobre él y se colocan de rodillas, y luego se ayudan con un remo.

Actualmente no sólo los usan los pescadores, sino también los jóvenes deportistas que cabalgan en ellos sobre el mar. Corren a una velociad asombrosa, pudiéndose comparar con las tablas hawaianas.

Cada año hay más gente aficionada a este deporte pre-incaico. En primavera se realizan las "Carreras de Caballitos de Totora" en el mar. Los jinetes que toman parte en este certamen son niños, jóvenes y viejos.

→ **Los caballitos de totora...**

¿QUÉ SON?
¿CÓMO SON?
¿CÓMO SE USAN?
¿QUIÉN LOS USA?

7 Recuerdos personales

Lluvia otoñal en Buenos Aires (Argentina)

Una noche de otoño salíamos mi hermana y yo del cine y nos encontramos con que el "subte" estaba cerrado. ¡Estaba cerrado porque estaba inundado! Mientras nosotras nos deleitábamos con la película, había llovido afuera torrencialmente. No nos quedaba otra alternativa que caminar unas cuatro cuadras y alcanzar el colectivo 140, que también iba hacia nuestro barrio. Cuando llegamos a la Av. Córdoba, nos quedamos sorprendidas al ver la cantidad de gente que estaba esperando en la parada, colas y colas de gente. La Av. Córdoba es uno de los radios principales de Buenos Aires. Los colectivos de diferentes líneas y colores pasaban, pero no paraban por lo repletos que iban.

Por fin logramos colgarnos en un 140, un señor nos empujó hacia adentro al ver que podíamos caer en alguna frenada brusca. En sacar el boleto ni pensamos, lo principal era encontrar algún hueco entre tanta gente para poder al menos respirar.

Allí empezó la odisea. La avenida estaba completamente congestionada, avanzábamos a paso de hombre. Cuando la gente se apelmazó adentro, cerró el chofer la puerta y no dejó subir a nadie más. Pasó una hora y no habíamos avanzado más de 1000 m. A mí me dolía la espalda de estar tanto tiempo parada, me imagino cómo estarían las señoras al lado mío. Sorprendentemente no se quejaba tanto la gente como yo hubiera esperado. Al contrario, excepto alguna discusión para abrir la ventanilla, la mayoría se mostraba solidaria, compartía el asiento, charlaba con su compañero de odisea como si se conocieran de toda la vida. En la radio del colectivo sonaba un tango, sólo faltaba que nos pusiéramos a bailar.

Por fin supimos qué era lo que pasaba. El arroyo Maldonado que atraviesa subterráneamente la ciudad, se había desbordado. Por ello la ciudad estaba prácticamente cortada en dos por el agua.

Habían pasado dos horas y por fin llegamos al "cuello de la botella": No parecía haber paso, así que el colectivero nos gritó: ¿Están de acuerdo en que me desvíe? Después de una corta discusión sobre el camino a tomar, se decidió, de común acuerdo, desviarnos de la ruta. Después de tres horas, al llegar a casa, nos causó pena despedirnos de nuestros compañeros de viaje.

Recuerdos personales

Estábamos nerviosas por llegar tarde a casa porque pensábamos que estarían preocupados por nosotras. Los encontramos a todos preocupados con el corte de luz que se produjo en el barrio a causa del temporal. "Vayan a pedir velas a doña Angelita", nos pidió mamá.

Gabriela Platz, Buenos Aires

→ Ordene estas acciones según el texto:

- ☐ El chofer cerró la puerta.
- ☐ Llegaron a la Avenida Córdoba.
- ☐ Salieron del cine.
- ☐ Un señor las empujó hacia adentro.
- ☐ Pasaron dos horas.
- ☐ Llegaron a casa.
- ☐ Se colgaron en un 140.
- ☐ Sonó un tango en la radio.
- ☐ Caminaron cuatro cuadras.
- ☐ Se desviaron de la ruta.
- ☐ Llegaron al cuello de la botella.
- ☐ Alcanzaron el colectivo.

Las tortillas guatemaltecas

Salí de Guatemala hace treinta años. Lo recuerdo muy bien, tanto como si fuera ayer. No había despegado el avión, ese avión que me traía a Europa, lugar que nunca había soñado llegase a ser mi segunda patria, cuando yo ya

Tortillas de Guatemala

Recuerdos personales

comenzaba a añorar las tortillas. Sí, esas deliciosas tortillas de maíz. Y hasta hoy las sigo añorando. Cada vez que viajo a Guatemala no faltan las tortillas para la comida de bienvenida y para la comida de despedida. Ese sabor tan especial no me lo pueden ofrecer ni los más ricos panes o pasteles alemanes.

Tengo muy presente en mi mente que cada mediodía venía una indita a casa a vendernos las tortillas. Llegaba ella con un inmenso canasto lleno de tortillas de maíz que transportaba sobre su cabeza balanceándolo con mucha habilidad y gracia.

Las tortillas llegaban siempre calientitas, como si las acabaran de cocinar. Iban envueltas en una servilleta grande de lindos colores en donde no se podían enfriar.

En Guatemala se acostumbra a comer tortilla a cualquier hora del día y acompañando cualquier clase de alimento: sopas, huevos, frijoles, verdura, etc. Las comen los pobres, los ricos, los niños y los ancianos, es decir, toda la gente.

En la mayor parte del continente americano el maíz es uno de los alimentos básicos. El maíz se prepara en Guatemala de una forma distinta a otros países: Los granos duros y secos se hierven con agua y cal para que de esta manera el grano se separe de la cáscara. Se muelen los granos en seguida sobre una piedra de moler utilizando otra piedra de mano. Se muelen y se muelen hasta obtener una masa húmeda y homogénea. La masa se divide en pequeñas porciones, las cuales se tortean o palmean entre las manos hábilmente hasta formar las deliciosas tortillas. Luego se cocinan, una por una, colocándolas sobre un comal de barro que descansa sobre las llamas del fuego, que se hace dentro de la casa. El humo llena la parte superior de la cocina, eliminando así a mosquitos y otros insectos.

De niños pasábamos los fines de semana en casa del lago. Allí fue cuando al ver a la mujer del guardián, doña Chusita que torteaba tan bien, decidí hacer un curso de tortear con ella. Doña Chusita hacía las mejores tortillas de todo el vecindario. Pensé que con una buena profesora yo aprendería ese oficio. Pero, esa masa húmeda se me pegaba en las manos. Las tortillas que por fin lograba hacer no tenían ni el más mínimo parecido a una tortilla... Desde entonces me dediqué solamente a comer y a saborearlas.

La costumbre de tortear en Guatemala es muy antigua. No importa hasta dónde lleguen los arqueólogos a descubrir el pasado en Guatemala, con seguridad siempre van a encontrar más de alguna piedra de moler. Por cierto que el tortear es un trabajo solamente de la mujer. Varias horas del día se dedica ella a moler el maíz y hacer tortillas utilizando toda la fuerza de sus

45

Recuerdos personales

brazos, manos y hombros. Desde muy temprana edad comienzan las niñas a ayudar a su madre.

Bueno, mejor dejo de contarles sobre las tortillas de maíz, pues ya se me hace agua la boca. Deseo darles un consejo: si algún día Uds. llegan a Guatemala no dejen de probar las tortillas y verán que tengo razón. ¡Buen provecho!

Karin Wölfel, Múnich

➜ **Dibuje un círculo en la respuesta que crea correcta:**

1. a) A Karin le gustan más los pasteles alemanes que las tortillas.
   b) Karin ya no se acuerda de cómo son las tortillas.
   c) Karin sigue acordándose de las tortillas.

2. a) La india cocinaba las tortillas en casa de Karin y las vendía.
   b) La india cocinaba las tortillas en su casa y las mantenía calientes en una servilleta.
   c) La india cocinaba las tortillas en un cesto y las enfríaba con una servilleta.

3. a) Las tortillas se comen para desayunar.
   b) Las tortillas se comen sólo en las fiestas.
   c) Las tortillas se comen a cualquier hora del día.

4. a) Las tortillas las come todo el pueblo.
   b) Las tortillas las comen sólo los ricos.
   c) Las tortillas las comen sólo los pobres.

5. a) Los granos de maíz se hierven antes de molerlos.
   b) Los granos de maíz se muelen antes de hervirlos.
   c) Los granos de maíz se muelen sin hervirlos.

6. a) A Karin no le salían las tortillas porque siempre se quemaban.
   b) A Karin siempre se le pegaba la masa a las manos.
   c) Karin nunca intentó hacer tortillas.

7. a) La costumbre de hacer tortillas data de antes de la conquista.
   b) La costumbre de hacer tortillas data del siglo XIX.
   c) La costumbre de hacer tortillas la importaron los españoles.

8 Música

Los andinos y su música

Existe la equivocada creencia de que el hombre andino tiene el espíritu dominado por la pena, la tristeza y la meditación. Esto es una errada apreciación. El medio ambiente influye en sus estados de ánimo, pero siempre busca la manera de representar su modo de vivir. Eso se ve claramente en su música y en su baile. Por ejemplo el huayno, género de música, canción y danza más difundido en el Perú, es expresión auténtica de este pueblo.

La identificación del hombre andino con la naturaleza es plena y absoluta. Es el motivo de adoración a la Madre Tierra, "Pachamama", y al dios Sol, "Inti". En su música los andinos expresan un contenido ritual agradeciendo la bondad de sus dioses.

Los instrumentos musicales folklóricos construidos por los hombres de esta región son: La quena, la zampoña o antara, hecha de carrizo delgado. El kekere, hecho con carrizo grueso. El charango, elaborado con el caparazón del armadillo. El bombo, hecho con el cuero ovejuno. Las sonajas hechas con las pezuñas de los animales, el palo de lluvia, hecho de la caña brava gruesa y las semillas de cactus con el sonido interminable y armonioso. El arpa, construida de madera en forma triangular para tocarla con ambas manos. La guitarra española quedó plenamente asimilada al bagaje de los instrumentos musicales sudamericanos adecuandose perfectamente a la música andina.

Estos instrumentos no sólo demuestran el sentimiento y la actitud festiva del andino, sino que poseen una escala de valores sonoros. Las diferentes melodías de estas regiones, expresadas en sus diferentes variantes, cada vez

Música

se hacen más receptibles por los amantes de este género musical, que está conquistando el corazón del mundo entero.

→ **Vuelva a leer el texto, ¿Puede descubrir de qué instrumentos se trata?**

GARANCOH
UNQAE
MOBBO
ARANTA

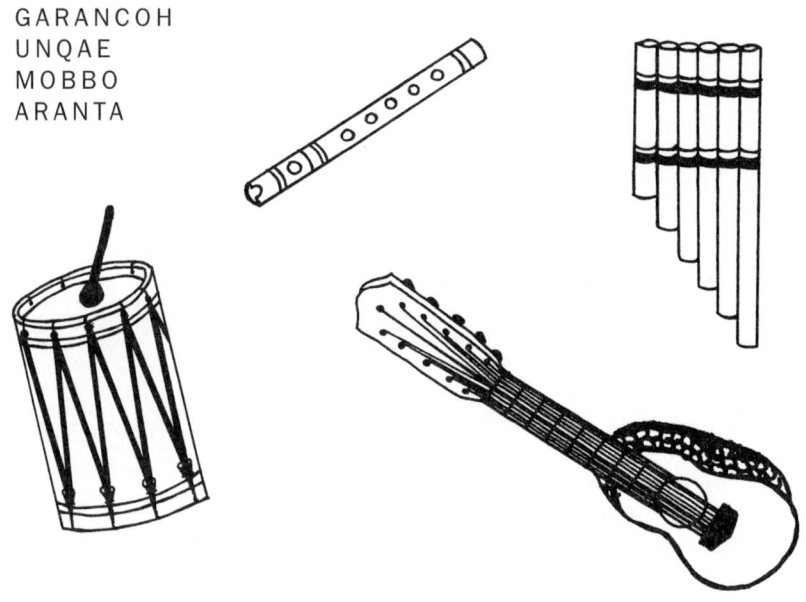

Americanto

Asomando de tierra adentro
tempestades de mil cantos vienen
América vibra sonante
Desde campos arados
germinan melodiales trinos

Cuecas, zambas y pasillos
son los sentimientos vivos
huaynos, salsas, cumbia y saya
alegran festivo el alma
marineras, rumba y cha-cha
huapangos y guaraní
llenan corazones de vida
con sabor latino alegre.

¡América de andinidad!
¡América de latinidad!
¡América de hermandad!
¡América es continental!
América sabor tropical
América, América

Domingo Huaman
Arreglos: Carmen Ramírez,
Hernán Salazar

Guantanamera

Es la canción cubana más famosa, dedicada a la ciudad de Guantánamo.

Yo soy un hombre sincero
de donde crece la palma. (bis)
Y antes de morirme quiero
echar mis versos del alma.

Guantanamera, guajira guantanamera.
Guantanamera, guajira guantanamera.

A los pobres de la tierra
quiero yo mi suerte echar. (bis)
El arroyo de la sierra
me complace más que el mar.
Guantanamera...

Mi verso es de un verde claro
y de un carmín encendido. (bis)
Mi verso es un ciervo herido
que busca en el monte amparo.
Guantanamera...

(Canción popular)

Ciudades

La capital y su gente (México)

México es uno de los mayores focos culturales de Latinoamérica, un país lleno de tradiciones que emanan de la religiosidad y alegría de su gente. Es decir, es un país donde las pasiones llegan al límite, como el picante de su variada gastronomía o de su fortísimo tequila o sus margaritas.

La ciudad más grande del mundo es la capital de este país.

Vivir en esta ciudad es vivir con 25 millones de personas, las cuales se mueven en todas las direcciones. Aunque parezca mentira, México está muy bien comunicada y atravesarla no es tan difícil, pues los medios de transporte público, dentro de lo que cabe, funcionan. Lo que sí se puede decir es que el metro es realmente eficaz. Fue diseñado hace 30 años, cuando nadie se pudo imaginar las dimensiones que hoy día llegaría a tener esta gran urbe.

El metro transporta unos seis millones de personas diariamente, mientras amplia su red y su capacidad a las demandas cotidianas y ofrece un servicio puntual y económico de las 5.00 de la madrugada a la 1.00 de la noche, o sea 20 horas. Se ha convertido en el pilar más importante e imprescindible de la clase trabajadora. No se debe olvidar que también el metro tiene sus horas puntas, pero la gente se ha acostumbrado a ello. Al mexicano con su caracter bonachón y alegre ya no le acongoja la gran contaminación ni el tráfico, problemas candentes de esta ciudad.

Vemos en todos los niveles sociales que el mexicano sabe disfrutar la vida a su manera, pues el D.F. ofrece grandes teatros, cines, salas de conciertos, museos, galerías de arte, centros comerciales, así como restaurantes con la típica comida mexicana y la internacional. También se puede visitar el Parque de Chapultepec, la Ala-

La catedral

Ciudades 9

meda Central y el típico Xoximilco, que con sus flores y chinampas alegran un domingo familiar. El visitante puede disfrutar de los grandes mercados donde encontrará comida o incluso artesanía. A todo esto se agregan los lindos "Mariachis" que son el expresar de nuestro pueblo.

Como se ha visto en las películas y se ve en la realidad, al mexicano le gusta su música, su tequila y su mujer al lado. Es una peculiaridad de este pueblo la alegría, el buen comer y la familia, puntos importantes de nuestra idiosincrasia.

En los pueblos, con motivo del santo patrono o de las Fiestas Patrias el 16 de septiembre, se hacen las charreadas, una fiesta típica mexicana muy alegre. El tequila no falta y tampoco la música ranchera, lo principal es divertirse. En esta fiesta se les ve a los charros bien puestos, a todo lujo.

Los hombres salen a lucir su gala, llevando atuendos muy caros, trajes esplendorosos, con unos sombreros grandes de pana. Los jinetes montados en sus caballos muy limpios, ensillado con decoro, lucen sus mejores sillas con recamadas o enchapes de plata.

La fe a la Virgen de Guadalupe, la patrona de todos los mexicanos, es muy importante. Y mientras que ella exista, México seguirá en pie, resistiendo revoluciones, terremotos y sexenios fraudulentos o corruptos.

Patricia Solís, México

→ **Lea el texto y después rellene los espacios en blanco:**

México es la ciudad más grande del mundo. Tiene .... millones de habitantes. En la ciudad, el transporte público funciona muy bien. El metro fue diseñado hace .... años y lleva unos .... millones de personas cada día. Funciona de las .... a la .... de la noche.
México tiene sitios muy bonitos para visitar como el .... , la .... y el .... En todo el país la música es muy importante. Hay grupos que se llaman .... y las canciones típicas se denominan .... Una fiesta muy tradicional es la .... donde los hombres se visten muy elegantes y los jinetes aparecen montados en sus ....
La patrona de los mexicanos es la ....

9 Ciudades

El colectivo porteño (Argentina)

→ **Escuche los dos primeros párrafos. ¿Cuál de las funciones que la autora describe cumple también el "colectivero" de su país?**

Ahora escuche el último párrafo. ¿Puede resumir en dos líneas lo que le pasó al abuelo de la autora?

A continuación tiene el párrafo donde faltan los tiempos en pasado, ¿puede completarlo?

Vuelva a escuchar el último párrafo tratando de completar/corregir el texto.

Mi respeto surge también porque mi abuelo (ser) .... colectivero, hijo de andaluces, sin una profesión pero amante de la literatura latinoamericana, del paso doble, del tango y del mate. Se (ganar) .... así la vida para poder mantener a su familia. En aquel entonces mi madre (ser) .... jovencita, (trabajar) .... de secretaria. Una tarde (regresar) .... ella del trabajo con el sueldo de un mes en la cartera cuando, de pronto, un ladrón se la (apropiar) .... y se (echar) .... a correr. Mi madre desesperada (gritar) .... "Paren al ladrón" y éste al verse en peligro se (colgar) .... en un colectivo que (pasar) .... ¿Adivinen quién iba al volante? Mi abuelo. Mamá lo (reconocer) .... y lo (llamar) .... Mi abuelo (entrar) en acción y en un par de segundos la cartera con el dinero (estar) .... recuperada. Una virtud de los colectiveros es mantener la calma en los momentos críticos.

Ahora puede leer el texto completo.

¿Qué harían los porteños si no tuvieran el colectivo y su chofer? Ese acogedor amigo que lo recoge a uno a cualquier hora de la noche o de la mañana, le indica a uno cómo llegar al lugar más escondido de la ciudad, logra atravesar ésta en tiempo récord a pesar del embotellamiento que le costaría el doble de tiempo a un auto. Mucho de los choferes son dueños del vehículo, de ahí que cada coche está adornado de modo diferente: luces de colores iluminando el tablero y la expendedora de boletos, fotos de la Virgen María y de Gardel pegadas en el parabrisas, el asiento que parece un trono grande y cómodo, con sus resortes que chirrían en diferentes tonos, según la cuneta o pozo que ofrece la calle.

El colectivero cumple una multifunción: él mismo vende el boleto, cobra, da el vuelto, grita: "Por favor, retrocediendo hacia atrás" (la puerta de salida está al fondo), todo esto naturalmente mientras que arranca, esquiva a otros colectivos y llega a la siguiente parada (200 m más adelante), sin contar con que a veces tiene que indicar a extraviados el camino o el colectivo correcto a tomar, o reparar alguna avería.

Mi respeto surge tal vez porque mi abuelo era colectivero, hijo de andaluces, sin una profesión pero amante de la literatura latinoamericana, del paso doble, del tango y del mate. Se ganaba así la vida para poder mantener a su familia. En aquel entonces mi madre era jovencita, trabajaba de secretaria. Una tarde regresaba ella del trabajo con el sueldo de un mes en la cartera cuando, de pronto, un ladrón se la apropió y se echó a correr. Mi madre desesperada gritó, "Paren al ladrón", y éste al verse en peligro se colgó en un colectivo que pasaba. ¿Adivinen quién iba al volante? Mi abuelo. Mamá lo reconoció y lo llamó. Mi abuelo entró en acción y en un par de segundos la cartera con el dinero estaba recuperada. Una virtud de los colectiveros es mantener la calma en los momentos críticos.

Gabriela Platz, Buenos Aires

Cusco, Patrimonio Cultural del Mundo (Perú)

Cusco es la ciudad más antigua del continente americano. Muchas de sus actuales calles y barrios tienen hoy el mismo nombre quechua. El quechua sigue vigente como lengua oficial junto con la castellana.
Raul Porras, historiador cusqueño, dice: "Ni la arqueología ni la historia han logrado hasta ahora arrancar a la naturaleza ni a los restos materiales o humanos del pasado el secreto de los orígenes del Cusco, que permanece todavía adherido a los dominios del mito y de la leyenda."
El Inca Garcilaso de la Vega, en el capítulo XVIII del Libro Primero de "Los Comentarios Reales", dice: "Manco Capac y Mama Ocllo fundaron la ciudad del Cusco, que significa centro u ombligo de la tierra."
Antiguamente Perú era largo y angosto como un cuerpo humano y aquella ciudad del Cusco era el ombligo de aquel cuerpo.
Del 17 al 19 de abril de 1978, se realizó en las ciudades italianas de Turín y Milán la Séptima Convención de Alcaldes. Cusco fue denominada "Patrimonio Cultural del Mundo" por ser la más antigua capital del Imperio de los incas y la capital arqueológica de Sudamérica.

El siguiente texto es una parte que figura en la VII Convención:
- Cusco, antigua capital del imperio de los incas, capital arqueológica de América, es una ciudad monumental, histórica y legendaria, testimonio vivo de una raza que permanece vigente en el tiempo y en el espacio.

Ciudades

- Desde el punto de vista social, económico, religioso, político y espiritual fue calificada por los más renombrados cronistas, historiadores y eruditos como principal ciudad monumental.
- Cusco es el mejor exponente de las culturas preincas, inca, colonial y republicana; cuenta con innumerables riquezas que deben ser resguardadas, velando fundamentalmente por su protección, conservación y restauración porque se trata de proteger un patrimonio que pertenece a la Humanidad.

("Cuzco" ha sido rectificado por "Cusco", según la Academia de la Lengua Quechua en 1979).

La arquitectura inca

Los edificios públicos de piedra de la ciudad del Cusco muestran unos muros majestuosos construidos con una técnica impresionante y una gran solidez. Los muros pre-incaicos se caracterizan por sus piedras rectagulares y predomina la linea recta, pero a su vez, se inclinan hacia adentro, como sus puertas y ventanas.

Los muros incaicos se caracterizan por tener mejor forma artística y más belleza, la superficie es plana, sus muros son rectos, así como sus puertas y ventanas. Las uniones de piedras con piedras están hechas con mucha precisión y exactitud. En estas uniones ni siquiera se puede introducir una aguja.

En la base de sus construcciones, los incas colocaron piedras grandes y según el tamaño del muro colocaron piedras más pequeñas; así dieron a sus construcciones una sensación de mayor altura. Después de haber construido estas paredes, han sido pulidas a base de frotamiento de arena para obtener un acabado brillante y perfecto. Muchas piedras de las paredes de los edificios están decoradas con

Ciudades 9

El convento de Nazarenas

figuras geométricas, serpientes, lagartijas y otros reptíles.

El inca Pachacutec, el mejor arquitecto del imperio de los incas, reconstruyó la ciudad del Cusco y la convirtió en una ciudad señorial, con unos grandes palacios reales, templos majestuosos y fortalezas gigantescas, con catorce barrios, es decir, convirtió el Cusco en una ciudad con una estructura eterna y finalmente le dió la forma de un puma.

Las unicas herramientas que se han encontrado para el trajabo de la piedra son martillos de piedras duras. Pero, ¿cómo han cortado sus piedras en formas geométricas? ¿Han utilizado herramientas de metal? ¿Cómo han unido piedras con piedras?

Hasta el momento no hay una explicación de la técnica con la que construyeron. En los terremotos, algunas iglesias de la época colonial sufren desperfectos o se caen. Los edificios incas se mueven, pero las piedras de sus paredes ni se desprenden.

→ **Busque esta información en el texto:**

1. ¿Cuál es el origen de Cusco?
2. ¿Por qué se nombró a Cusco "Patrimonio Cultural del Mundo?"
3. ¿Cómo son los muros de los edificios?
4. ¿Cómo consiguen los edificios una sensación de mayor altura?
5. ¿Qué forma le dió a la ciudad el inca Pachacutec?
6. ¿Qué herramientas se sabe que utilizaron?

10 Condiciones de trabajo

Los campesinos de los Andes (Ecuador)

Son muchas las familias campesinas con siete u ocho hijos. Un hogar con ocho o nueve personas es muy frecuente.

Las viviendas en el campo son amplias y están construidas a base de material recogido en el monte o hecho por la misma familia: troncos, tablas, caña guadua para las paredes, hojas de cadi para el techo. Este material es natural y gratuito.

Los campesinos para cocinar utilizan la leña que todavía abunda. En el verano se recoge y se corta con hacha, en el invierno se amontona debajo de la casa, entre los pilotes.

Se alumbran con candiles a kerosene, que son más baratos que la vela, pero muchos de ellos las usan para evitar el hollín en casa. Con el actual programa de electrificación rural, los campesinos gozarán de electricidad. Hasta ahora no tienen ni agua potable.

Una familia apenas puede subsistir con el único salario que es del padre, las mujeres y los niños tratan de obtener ingresos económicos adicionales. No tienen contratos de trabajo, sólo acuerdos verbales. Si un jornalero enferma por un accidente de trabajo, la hacienda no se hace responsable y tampoco paga ninguna indemnización o ayuda para los gastos médicos.

La mitad de los niños en edad escolar no asisten a la escuela. Muchas aldeas no tienen escuelas y aunque tengan, los padres prefieren que sus hijos les ayuden en el trabajo.

En el tiempo de cosecha de café, cacao o banana disminuye la asistencia a las escuelas en un 70 % o más. Estas producciones demandan mucha mano de obra.

Ramón Altamirano, Riobamba

→ **Busque en el texto las frases que corresponden a esta información:**

1. Cuando se recoge la cosecha, la mayoría de los niños no van a clase.
2. En el campo se usa todavía madera, aunque pronto tendrán electricidad.
3. El cincuenta por ciento de los niños no va a la escuela.
4. Las casas en el campo son grandes y están hechas con material del monte o confeccionado por la familia.

5. Como con el dinero que gana el padre no es suficiente, los otros miembros de la familia tratan de ganar dinero aún en condiciones muy malas.

La familia campesina migrante (Bolivia)

1. La situación de la mujer

„Cuando era jovencita, llegué a la Paz, trabajé como empleada y no sabía cocinar. Tenía algunas patronas buenas que me enseñaban a cocinar, a hablar el castellano y me trataban con cariño. Otras eran malas, el pago era poco y nunca estaban contentas con el trabajo que hacía y me reñían. Ahora trabajo en casa, coso polleras para mis vecinas e hilo para la gente."

Paulina Huaman, La Paz

Muy pocas llegan a la capital con la seguridad de obtener un trabajo. La búsqueda de empleo es la primera dificultad que atraviesa una migrante a su llegada. La mujer joven, como primera experiencia, trabaja como empleada doméstica para sobrevivir, es decir, para cubrir sus necesidades básicas. Este tipo de trabajo no exige mayores conocimientos. No necesita estudios. Aprende el idioma, el manejo de electrodomésticos. Es un trabajo de baja remuneración, sin seguro social, con sueldos mínimos y además muchas veces con malos tratos. El día de descanso es el domingo.

A muchas jóvenes campesinas su trabajo en la ciudad les permite continuar sus estudios básicos o secundarios.

Las mujeres casadas por lo general no trabajan como empleadas domésticas. Trabajan como lavanderas, vendedoras en el mercado: venden pan, refrescos, pescado, verduras, fruta. Paralelamente son tejedoras e hiladoras. El tejido y el hilado son actividades mejor remuneradas. Hilan lana de oveja, llama, alpaca y vicuña. Después tejen ponchos, mantas, ponchos de cama, chalinas, chompas, gorros y guantes para vender. Pero

Condiciones de trabajo

también son madres de tres o cuatro hijos. A su vez, con el trabajo paralelo que hacen, ayudan a sus maridos en el aporte a la economía familiar.

„Me levanto a las 4.00 de la mañana, pelo y pico las verduras, pongo el caldo, empiezo a cocinar el almuerzo. A las 6.00 despierto a mis hijos. A los menores les ayudo a prepararse para ir a la escuela. Mientras se lavan los mayorcitos solos, preparo el desayuno para toda la familia.
A las 7.00 tomamos todos el desayuno. Llevo a la escuela a dos hijos menores y los dos mayores se van solos. Vuelvo a casa rápidamente para ordenar y barrer la casa. Lavo rapidito la ropa de las wawas. Tomo los jabones, fósforos y peines que vendo en el mercado. Allí coso a mano la ropa para mis wawas, hilo, tejo chompas para vender, generalmente las termino en dos días".

Juana Yuto, Oruro

2. La situación del esposo y de los hijos

La situación laboral de los esposos migrantes no es fija. Trabajan como aprendices en las construcciones, talleres de carpintería, panaderías, mecánica, plomería, etc. La mayoría de ellos son albañiles que empezaron como ayudantes.

Los problemas económicos y la situación laboral del esposo provoca conflictos en las relaciones familiares, por ser la madre el principal soporte económico del hogar, mientras que el padre sigue siendo la cabeza y el que toma decisiones en el hogar.

Los hijos también colaboran en sus hogares trabajando y aportando económicamente al ingreso familiar. Es decir, el trabajo infantil fortalece la capacidad productiva de la familia. Ayudan a su madre en el trabajo de la casa, lavando la ropa, cocinando, atendiendo y cuidando a sus hermanos menores o en las actividades comerciales.

Pero también hay miles de niños que trabajan en las calles como limpiabotas, ayudan a llevar cestos del mercado a casa a señoras, venden cigarrillos, chocolates, caramelos, pañuelos delante de los cines, lavan y cuidan carros, cobran en los colectivos o hacen trabajos duros o subempleos sin

Condiciones de trabajo 10

prestaciones sociales y no hay ninguna legislación que los proteja. El indicador de la niñez trabajadora en Latinoamérica sobrepasa actualmente el 30 %.

"Mi hijo mayor tiene once años, me ayuda después de la escuela todas las tardes vendiendo en el mercado. Mi hija de nueve años me ayuda a cuidar a sus hermanitos menores de cinco y tres años. Mi esposo trabaja en la mina, ahora está enfermo y no hay quien me ayude. Lo que ganaba no nos alcanzaba ni para llegar a fin de mes. Con quatro hijos se necesita más plata. Ellos piden para sus pasajes, cuadernos y libros. Si la esposa trabaja sólo como ama de casa la plata no alcanza y no podemos mantener a nuestros hijos. El mayor problema es el dinero, la vida es cara, muchas veces no vendo en el mercado y paso el día con coca. Eso quita el hambre, te da fuerza para seguir trabajando. Lo importante es que no falte comida a mis wawas."

Justina Yaupar, Salinas

→ **Coloque estas frases en la columna correspondiente:**

La situación de la mujer	La situación del esposo	La situación de los hijos
b		

a) Es el cabeza de familia y la persona que toma las decisiones.
b) Colabora trabajando y aportando dinero.
c) Trabaja en las calles como limpiabotas, vendedor, lava y cuida carros, cobra en colectivos...
d) Teje e hila.
e) Trabaja como aprendiz en la construcción, carpintería, panadería, mecánica...
f) Aprende el idioma y el manejo de los electrodomésticos.
g) Trabaja un treinta por ciento.
h) Trabaja limpiando en casas.
i) La situación laboral no es fija.
j) Es el principal soporte económico del hogar.
k) La mayoría son albañiles.
e) Ayuda en el trabajo de la casa, lavando y cocinando.

Condiciones de trabajo

📼 El cacao y los cacaoteros (Ecuador)

Cuando los conquistadores llegaron a América en busca de oro, plata y minerales preciosos, los indios ya cultivaban y consumían el cacao. La sed de oro de los conquistadores hizo que prestasen poca atención a este producto.

En 1700, la corona española propició su cultivo en Venezuela, Guatemala y Ecuador. El cacao era cultivado y recolectado en grandes y pequeñas haciendas por esclavos o trabajadores mestizos.

Frutos de cacao

Se expandió la demanda en Europa principalmente de Alemania, Francia e Inglaterra. Durante el siglo XIX se registró una brutal expansión de la producción en los países productores de cacao.

La crisis de los años veinte originó cambios importantes en la estructura de la propiedad cacaotera. Antes de la crisis estaba la producción en manos de los terratenientes. Con la crisis empezaron a vender o rematar sus propiedades. De este modo pasaron a manos de medianos y pequeños productores. La reforma agraria permitió que los campesinos recibieran también tierras para la producción cacaotera. Los grandes hacendados prefirieron dedicarse a la plantación del banano, arroz y a la cría de ganado.

En la actualidad están comprometidas en la producción del cacao unas 600.000 personas, de una parte productores y sus familias (320.000), de otra parte los jornaleros que venden su mano de obra en las grandes o medianas propiedades, en especial en el tiempo de cosecha.

El paro de los cacaoteros en 1993 afectó a la economía del país. Este año las cosechas han sido malas y los precios han sido tan bajos que los cacaoteros no llegan a cubrir los costos de producción. Muchos de ellos pidieron créditos al Banco Agropecuario y tienen problemas para devolverlos.

 „El paro es una protesta, una manera de hacernos escuchar. Si no nos escuchan a las buenas lo harán a las malas. Tenemos que pararnos: es decir, dejar de producir, suspender actividades, bloquear las carreteras, para que todos traten de entender a los campesinos. Desde el año pasado venimos protestando continuamente ante el gobierno por nuestra situación, organizamos una Marcha Nacional Campesina y fuimos a la Cámara Nacional de Representantes a entregar nuestra protesta. Ya ha pasado medio año y hasta ahora no hemos tenido ninguna respuesta. Por la fuerza tenemos que hacernos oir, nos mantenemos de pie, unidos, firmes, valientes y organizados para hacer frente a la policía o al ejército del gobierno. Yo no entiendo por qué nos atacan brutalmente y defienden los intereses de los enemigos de nuestro país."

Alfredo Quispe, Esmeralda, padre de cinco hijos

→ **Complete este cuadro con los acontecimientos que ocurrieron en estas fechas:**

En los siglos XV y XVI, . . .
En 1700 . . .
En el siglo XIX, . . .
La crisis de los años veinte . . .
En la actualidad, . . .

Política lingüística en Puerto Rico

En el curso de los últimos años la asimilación cultural ha progresado en Puerto Rico, se sigue jugando fuertemente en el plano lingüístico. La ley del mercado juega a favor del inglés.

En el sistema educativo, la enseñanza del inglés es obligatoria. Los profesores de inglés tienen buenos útiles pedagógicos para sus clases. Muchos manuales científicos están bien elaborados mientras que las traducciones al español son generalmente mediocres, como también los artículos de prensa, películas de origen norteamericano, programas de televisión, etc.

La nomenclatura inglesa domina en el vocabulario técnico, científico, jurídico, médico, en los bancos y en las transacciones comerciales. El español se encuentra en constante retroceso, no por falta de una terminología apropiada, sino a causa del predominio de libros escritos en inglés.

En las escuelas privadas se enseña el inglés desde la clase básica hasta el último año del bachillerato. Claro cómo esto favorece la americanización de los ciudadanos fascinados por EE.UU.

Condiciones de trabajo

Si hablan muy bien el inglés reciben becas universitarias, empleos, prestigio social, pero finalmente, cuando viven en los EE.UU., no se sienten ni les dejan sentirse realmente americanos.

De diez profesionales entrevistados en Puerto Rico, ocho utilizan la palabra "appointment" por la palabra española "cita". Los diez emplean "field day" por la palabra "día de campo". De diez abogados, nueve emplean "police power" y uno sólo "poder policial", es decir, los profesionales (dentistas, médicos, abogados e ingenieros) prefieren la terminología inglesa, ya que muchos de ellos estudiaron en los EE.UU., y continuan usándola.

Los que estudian en Puerto Rico también utilizan generalmente textos en inglés. De manera general, el inglés es una lengua de la que nadie escapa, la lengua de la Coca Cola, de Walt Disney y Mac Donald's, la cual lleva a muchos a utilizar los anglicismos.

De *El Progreso* (San Juan)

→ **Escriba, según su opinión y lo que ha leído en el texto, los factores que favorecen al español y al inglés en Puerto Rico:**

A favor del inglés	A favor del español

11 Esperanzas

Isabel Allende y "Paula" (Chile)

Isabel Allende

Según Isabel Allende, "Paula" es el libro más importante que ha escrito y que escribirá en su vida. Cree que todos sus libros anteriores fueron un entrenamiento para que cuando llegara el momento de más dolor de su vida pudiera expresarse a través de su escritura. El 6 de diciembre de 1991 internó a su hija Paula de 28 años en un hospital, víctima de una enfermedad hereditaria y que causó un largo coma. Desde ese momento se quedó con ella y no la abandonó ni un minuto. Durante ese tiempo empezó a escribir una historia familiar para leérsela a su hija.
Se lee en la primera linea del libro: "Escucha, Paula, voy a contarte una historia para que cuando despiertes no estés tan perdida". Lo que sigue es el relato de la agonía de su hija y del infierno que atravesó la madre. Pero a la vez fue un año en que Isabel no permitió que su propia vida se hundiera en el dolor y la angustia: en medio de esa tragedia empezó a escribir su vida y la de su hija.
Varios de los personajes que jugaron un papel en su infancia y su juventud son relatados objetivamente. Cobra importancia por ejemplo Salvador Allende, primo de su padre y presidente de nuestro país, derrocado en 1973 por el golpe militar de Pinochet. En esa época empieza para Isabel un largo peregrinaje por el exilio en Venezuela y en los Estados Unidos.
También escribe de los personajes que significaron mucho en la vida de su hija. Ernesto, el marido de Paula, es uno de los principales, quien no puede soportar la idea de que su esposa abandone este mundo. Ellos llevaban sólo un año de casados.
La novela es realmente un conmovedor testimonio de la vida de Isabel Allende. La muerte de Paula le rompió el corazón. A pesar de los cuidados

Esperanzas

y las esperanzas, Paula dejó de pelear contra la muerte y murió en los brazos de su madre, rodeada por su familia, en la madrugada del 6 de diciembre de 1992, exactamente un año después que cayó en coma.
Es el libro más trágico que he leido y con lágrimas en los ojos...

Erica del Castillo, Valparaíso

Casa y hogar para los "Huchuy Runa" (Perú)

En casi todos los países de Latinoamérica los niños ayudan a sus padres no sólo en los quehaceres de la casa, sino también en el mercado a vender productos: venden periódicos, cigarrillos, panes, caramelos, chocolates, chicles en las calles, delante de los cines. Trabajan como lustrabotas, limpian y cuidan carros, cobran los pasajes y gritan todo el día anunciando la ruta de los autobuses y microbuses. La mayoría de los niños tiene de 6 a 14 años, están diariamente en las calles y han tenido diferentes experiencias. Todos se ven obligados a trabajar para sobrevivir, muchos han sido abandonados por su padre, asumen la responsabilidad de ayudar a su madre y cuidar de sus hermanos menores.

En casa de los "Huchuy Runa", palabra quechua que significa pequeños humanos, en las afueras de la ciudad del Cusco, 38 niños han encontrado un hogar, a la vez que casi 100 niños visitan diariamente esta casa y duermen en casa de familiares o conocidos.
Allí tienen clase, aprenden a leer y escribir, juegan, hacen música, tienen talleres en los cuales desarrollan sus habilidades, su fantasía y su creatividad que les servirá en su vida futura.
Tienen un médico que les controla cada tres meses, toman el desayuno, almuerzan. Los niños viven agradecidos, porque en esta casa reciben el calor de hogar. Ellos saben qué clase de gastos tiene esa casa, qué funciones y obligaciones. Los niños son conscientes de lo que

Esperanzas

reciben y todo lo que se hace en el taller se vende para la manutención de ellos mismos. Todas la mañanas se puede comprar pan fresco, de harina integral, harina de quinoa, es decir, aprenden a hacer pan en su propia panadería, comen y venden. Esto les entusiasma, porque ya no se sienten mendigos en las calles.

Tienen también un taller de carpintería, cerámica y hacen trabajos de metal-recycling, hacen juguetes, rompecabezas, sillas, bancas de madera, fabrican muebles para la escuela, para su casa, también para vender. Otro grupo de niños hace vasos, jarras, platos, figuras de cerámica; la arcilla la traen de un cerro cercano. Los otros fabrican de latas de conservas candelabros y juguetes. De cada trabajo en serie que producen pueden quedarse los niños con uno, el resto se vende.

Hay otro grupo de baile, música, pintura. Aprenden a tocar diferentes instrumentos: guitarra, charango, antara, quena; por las tardes reina la alegría en casa. Otros se encargan de cocinar, limpiar la casa y finalmente dejan las salas de clase ordenadas y limpias para así empezar al día siguiente.

Estos niños estudian, trabajan y aprenden conscientemente y de paso ayudan económicamente a su familia. No es fácil educar a niños que viven o han vivido, comido y dormido en las calles, como en otras ciudades latinoamericanas. Muchos de ellos tuvieron problemas con la policía.

Quien conoce a los "Huchuy Runa" sabe exactamente que son niños con experiencia, conscientes, que despiertan esperanza en sus familias y son un ejemplo para otros niños.

 Empareje con una flecha los términos de las dos columnas.
Ej.: Hacen juguetes.
(¡Cuidado!, dos veces hace falta la preposición a y una la preposición de.)

Los niños de los "Huchuy Runa"

venden	talleres
limpian	muebles
cobran	el desayuno
aprenden	hacer pan
hacen	su familia
tienen	periódicos
toman	carros
fabrican	juguetes
se encargan	pasajes
ayudan	limpiar la casa

11 Esperanzas

Los derechos del niño

¿Qué gobierno garantiza los derechos infantiles?
¿No hay ninguna ley que los proteja?
Nadie les hace participar en las decisiones.
Los niños de todo el mundo,
los jóvenes de todo el mundo
son un grupo con necesidades.

Todos tienen derecho a su educación.
Todos tienen derecho a tener un hogar.
Todos tienen derecho a una vivienda.
Todos tienen derecho a sus juegos.
Todos tienen derecho a tener una infancia.
Todos tienen derecho a la paz y felicidad.

No hay leyes que los protejan
de los malos tratos.
No hay leyes que los protejan
de las injusticias.

Todos los niños en este mundo,
sin discriminación de raza,
de edad, de origen, de sexo, de idioma,
quieren ser entendidos,
quieren ser aceptados
por el mundo de los mayores.

Carmen Ramírez

12 Arte y artesanía

La Ciudad Universitaria (C.U.) de México

La Real y Pontificia Universidad de México fue fundada en 1551.

Durante muchos años se alojáron en edificios adaptados en diferentes zonas de la ciudad. Con el tiempo los locales resultaron insuficientes e inadecuados y se vieron obligados a construir una Ciudad Universitaria capaz de alojar y ofrecer diferentes comodidades a sus alumnos.

La C.U. presenta un impresionante conjunto sólido de edificios con una arquitectura majestuosa. Es una de las construcciones más originales de su género. En ella se encuentran la Torre de Humanidades, la Torre de Ciencias, la Torre de Rectoría, la Biblioteca Central, con capacidad para 2.000.000 de volúmenes, el jardín botánico, las instalaciones deportivas, el Estadio Universitario, con capacidad para 90.000 espectadores, la zona comercial, el Centro de Salud, el club, y en el centro de todo la explanada central.

El edificio mas interesante es el de la Biblioteca Central. Tiene diez pisos, está construido en forma de un prisma rectangular y casi sin ventanas. Sus muros están cubiertos por figuras policromadas en mosaicos de piedra, una obra fantástica hecha por el arquitecto y pintor Juan O´Gorman. En un muro se ven expresiones simbólicas de la cultura pre-hispánica, en el otro se ven expresiones de la época colonial y en el tercer muro se ve la cultura actual de México con influencia europea.

12 Arte y artesanía

Mercados y mercados de artesanía

El colorido irresistible, la variación, el bullicio y la animación musical de los mercados latinoamericanos son únicos.
Los tamales, picarones y chicharrones mezclan sus olores. La oferta de la fruta - plátano, fresa, papaya, piñas, mango, maracuya, guayaba, lima, limón, toronja, pomelo, naranja, pepino, pacay, chirimoya, granadilla - se encuentra cerca de donde se venden zanahorias, queso, carne, pescado, maíz, fríjoles, papas, etc.
Los productos se extienden en el suelo, sobre una manta, sobre plásticos, sobre cartones, cajones de madera. A la salida de los mercados ofrecen los ambulantes a gritos toda clase de objetos.
En ellos se practica el trueque, intercambio de productos que es una reliquia de antaño. El regateo es un rito, pero también una necesidad económica.

En los mercados artesanales de las ciudades se ofrecen una gran variedad de productos gracias al talento artístico de sus creadores, puesto que el arte y la magia de inspiración viven en ellos.

Los países latinoamericanos tienen una larga y amplia tradición artesana. Nuestros antepasados dominaron con perfección el trabajo en metal como el oro, la plata y el bronce.
Es increíble la técnica que tienen los artesanos y la manera en que usan sus herramientas tradicionales al trabajar.

En la cerámica se puede observar una excelente técnica y una magnífica combinación de colores. Pintan en sus objetos animales propios de la región: llamas, alpacas, vicuñas, guanacos, loros, tucanes, etc. Lo que más predomina es el uso de ornamentos geométricos. Los objetos de cerámica son pulidos para que de ese modo obtengan el brillo natural.
Los productos de arte popular que destacan son: los textiles - telas, mantas, bolsos tejidos en lana -, objetos de madera, o metales, cerámica y joyería. Siguen siendo trabajados desde hace siglos, con ayuda de los telares de cintura, ruecas y colorantes naturales como el nogal y la grana cochinilla, parásito que vive en el cactus, que ha teñido rojas telas y ha dado color a todo el mundo.

Arte y artesanía 12

Podemos ver claramente la vestimenta de diferentes grupos étnicos de la costa, sierra o selva y fijarnos en el trabajo de sus blusas, pantalones, polleras, ponchos, sombreros, cinturones, etc.

→ **Coloque estas palabras en la columna correspondiente:**

Fruta	Animales	Metales	Textiles	Vestimenta

Plata - mantas - papaya - llamas - polleras - ponchos - mango - oro - huanacos - telas - sombreros - bronce - alpacas - bolsos - piña

Los huaqueros, buscadores de tesoros prehispánicos (Perú)

 Miles de personas a lo largo de la costa peruana, especialmente donde estaban situadas las culturas norteñas, mochica y chimú, hemos escarbado y seguimos buscando tesoros prehispánicos. A nosotros nos conocen con el nombre de "huaqueros".

Esta actividad existe desde la época de la colonia. Aquí en la costa peruana se han encontrado y seguimos encontrando restos arqueológicos, ruinas, huacas, tumbas, en ellas restos de tejidos y cerámica del siglo II antes de Cristo. También se han encontrado ciudades enteras, murallas, acueductos...

Nosotros pasamos semanas en estos grandes arenales. Armamos nuestra tienda o carpa, transportamos con la ayuda de un burro víveres, linternas, pilas para la radio, mecheros de kerosene y un poco de ropa.

La herramienta principal es la "baqueta", es una varilla de metal con la cual buscamos tumbas. Caminamos kilómetros sumergiéndolas en la arena. Si la baqueta entra con facilidad, significa que hemos encontrado una tumba para cavar.
En las noches nos reunimos con otros huaqueros para charlar, descansar, contarnos nuestras experiencias y compartir nuestra botella de moje, es té con azúcar, ron y cáscara de limón.

12 Arte y artesanía

Muchos de nosotros trabajamos por nuestra cuenta, nos quedamos con los objetos que encontramos. Tengo una colección de restos textiles de la cultura paracas, huacos de la cultura mochica, pequeños objetos de cerámica y huesos humanos. Hace años encontramos cuatro cadáveres momificados y envueltos en tejidos de diferentes formas y calidades. Uno de ellos estaba envuelto con finísimos mantos. Lo que yo encuentro, no lo vendo.

Otros huaqueros trabajan para algún comerciante de cerámica antigua o de huacos. Estos se ocupan de vender las piezas u objetos arqueológicos que han encontrado por unos cuantos soles.

La codicia comercial de muchos huaqueros es muy grande, en muchísimas oportunidades han encontrado valiosísimas piezas arqueológicas y las han vendido a turistas. Ellas se exhiben ahora en sus casas o en diferentes museos del mundo, de este modo causan irreparables daños al pasado peruano.

Fortunato Calle, Chimbote

→ **Escuche este texto y conteste a las siguientes preguntas:**

1. ¿Quiénes son los "huaqueros"?
2. ¿Cuándo comenzó la actividad de los huaqueros?
3. ¿Qué es la baqueta?
4. ¿Qué hacen los "huaqueros" con lo que encuentran?
5. ¿Cómo causan los "huaqueros" daños irreparables?

13 Turismo

La revolución del turismo (Cuba)

Después de la revolución castrista, una segunda revolución azotó Cuba: la "Revolución del Turismo". Cuba es la isla mayor de las Antillas. Es una amalgama de playas blancas, un mar cálido de color turquesa, montañas y valles de exuberante belleza, pueblos pintorescos, ciudades bonitas donde manda el ron, el sol, el ambiente tropical y no faltan la rumba ni la salsa. Colón llamó a las islas del Caribe "las islas más bellas jamás vistas". ¡Será por algo!

La Habana, nuestra capital, es una de las ciudades coloniales más bonitas de América, más española que Barcelona. Impresionan sus palacios, sus plazas con portales con cientos de columnas, sus iglesias de piedra labrada o tallada. Elegantes edificios antiguos son testigos del pasado colonial y resultado de las fortunas derivadas del tabaco, de la caña de azúcar y del ron. Sus bares y algunos restaurantes muestran un ambiente bohemio y ofrecen la típica bebida "Cuba libre". En 1982 la UNESCO ha declarado La Habana "Patrimonio Cultural de la Humanidad."

Es preciso tomarse el tiempo necesario para deambular por sus calles e impregnarse del ambiente habanero. En las calles circulan viejos coches americanos Chevrolet y miles de "chivos", bicicletas chinas que las usamos para desplazarnos y hacer ejercicio.
Para desplazarse en La Habana podemos tomar la guagua (bus), el camello (bus largo), taxi popular (se paga en pesos) o el panataxi (se paga en dólares). Cuba es el país que tiene una de las mejores redes de carreteras en Latinoamérica. Para los viajes interprovinciales se puede tomar el tren o el ómnibus con aire acondicionado.
A nosotros los habaneros nos gusta ir al Malecón, es el lugar más famoso y concurrido de la Habana. Nos sentamos en los muros y podemos disfrutar contemplando el mar, el aire fresco y el sol.

13 Turismo

Para visitar nuestras playas del Circuito Azul sólo bastan 15 minutos desde el centro de la ciudad, donde se pueden apreciar kilómetros de playas. La temperatura media anual es de 25°C.
Esto hace que turistas de Europa y del mundo entero la visiten durante todo el año. Europa fue uno de los primeros emisores de turismo con un 67%, seguido de América Latina con 22%. Los países que sobresalen son: Alemania, Italia, Francia, España, Canada y Argentina.

Los cubanos tenemos una mentalidad diferente a todo el mundo, vivimos en otra época. Estamos viviendo actualmente situaciones difíciles, sin embargo en nuestra isla reina la alegría de vivir y la paciencia.

Victor Rojas, La Habana

→ **Complete este esquema con la información extraída del texto. Escriba una o dos frases por apartado.**

La isla	
La capital	
El clima	
Los medios de transporte	
La mentalidad	

Mundo submarino y buceo caribeño (República Dominicana)

La UNESCO clasificó las playas de este país como las más bonitas y mejores del mundo. Punta Cana, con costas de arena blanca sombreadas por miles de palmeras, con agua extremadamente cristalina, muestra playas perfectas, bosques de cocoteros y cañaverales.
En sus azules aguas, los peces multicolores y otras formas de vida acuática pueden ser exploradas buceando. El mar ofrece una serie de actividades acuáticas fascinantes como la exploración de restos, la fotografía y la caza submarina.

- Para la exploración de restos, excitante deporte, se requiere un equipo especial: detectores de metal (para la búsqueda de tesoros), cuerdas de seguridad y barras de metal que sirven como palancas, bolsas flotantes (para transportar cosas pesadas). Las costas del Mar Caribe ofrecen excursiones muy atractivas, ya que en sus aguas existen restos de buques españoles que naufragaron con tesoros a bordo provenientes del Nuevo Mundo.

- Para la fotografía submarina se requieren bolsas a prueba de agua para llevar cámaras submarinas y videograbadoras de mano. Algunas personas creen que deben sumergir unos 200 metros para poder tomar fotografías, sin embargo, lo mejor se encuentra a una profundidad de 10 a 40 metros. Este mundo espectacular siempre está envuelto en un halo de misterio. Las fotografías más populares son las de los peces y las vistas panorámicas del lecho marino.

- La caza submarina ofrece también la posibilidad de observar la diversidad de la fauna y flora del mundo submarino. Se puede ir en busca de ostras, caracoles o a pescar con arpón. De vez en cuando se acerca un tiburón, pero la mayoría de ellos no son agresivos, ya que generalmente tienen miedo. No atacan a la gente.

La caza nos proporciona algunos manjares que se pueden preparar al estilo caribeño, una cocina de sabor tropical exquisita para todos los paladares.

Victor Jara, Punta Cana

→ **¿Puede reescribir estas frases utilizando el subjuntivo?**

1. No me importa que (haber) .... tanto turismo en la República Dominicana.
2. Me parece bien que las aguas marinas (poder) .... ser exploradas.
3. Me hace ilusión que la UNESCO (clasificar) .... nuestras playas como las mejores del mundo.
4. Me da igual que (acercarse) .... un tiburón. No les tengo miedo.
5. Es necesario que para la exploración de restos se (tener) .... un equipo especial.
6. Es muy interesante que (existir) .... restos de buques españoles en las aguas dominicanas.
7. Es mejor que las fotografías (tomarse) .... a una profundidad de 10 a 40 metros.

14 Mundos diferentes

Los cuna de la Isla de San Blas (Panamá)

Una de las mejores experiencias de mi vida ha sido visitar a nuestros indígenas de la Isla de San Blas.
Tuve que tomar una avioneta para poder dirigirme hasta allí.
El viaje desde la capital hasta la isla dura 45 minutos. Yo me moría de miedo en aquel avioncito tan inestable.
Al irnos acercando a la isla, no podía divisar el aeropuerto y me preguntaba como íbamos a aterrizar en ese punto, porque así era como se veía, como un punto en una hoja.
Nos vimos casi tocando el mar, pero llegamos sanos y salvos. Las avionetas aterrizan al comienzo de la isla y paran sus motores donde termina la isla.
Después me tranquilicé y empezé a disfrutar del recibimiento que nos brindaron. Para ir a nuestro hotel que se encontraba en la Isla Wichubwala, tuvimos que tomar lanchas, este paraíso se tiene que ver con ayuda de ellas.
Nuestro hotel, Hotel Anai, estaba compuesto de pequeños ranchitos hechos con las pencas de las palmas, el suelo de arena y la cama una hamaca. Todo muy típico.

Actualmente existen aproximadamente 40.000 indios cuna en Panamá.
Unos 25.000 viven en las islas y los otros viven en el norte del país trabajando en la plantación del plátano - allí les ofrecen más dinero y mejores condiciones de trabajo - pero la mayoría de ellos vive en la capital. El año 1925 los cuna tuvieron una guerra con la policía panameña porque pedían más derechos y querían gobernar solos su territorio.

A sus islas las llaman Cuna-Yala.
Antiguamente ellos vivían en unas 150 islas, pero al pasar los años

fueron acercándose a las 40 islas más cercanas del continente, todo ello por falta de agua dulce.

Los cuna están regidos por tres leyes importantes: no matar, no robar y no desear a la mujer de tu prójimo. Su ser está gobernado por un espíritu y a su vez éste por un espíritu del bien o un espíritu del mal.
Los cuna se sienten obligados a proteger la tierra y la naturaleza.

Las mujeres se dedican al cuidado de sus hijos, cocinan, traen agua a casa, hacen molas y son las que administran la economía del hogar. Los hombres construyen lanchas y casas, pescan, cazan, siembran maíz, arroz rojo, yuca y fruta.

Una de las cosas que admiré fueron las "molas". Estas telas están hechas a mano con diferentes motivos o mensajes, ya sea motivos navideños, de animales, u otros. Esta confección puede requerir hasta dos años de costura. Es original. Las hacen para vender o exhibir.

Rocío Trelles, Las Tablas

Los chipayas (Bolivia)

Con grandes dificultades hemos sobrevivido cerca de las orillas del lago Coipasa. Chipaya en español significa "hombres del agua". Durante siglos, hemos vivido en esta región con los aymarás.
Ellos explotaban nuestras riquezas naturales como pescadores, cazadores y balseros, pero no nos permitían tener chacras en tierra firme, ni rebaños en las alturas: nos decían despectivamente: "chanchumanqueri" que significa "come patos".

Cuando llegaron los incas, intentaron sacarnos de nuestro lago y a muchos de mis antepasados los enviaron a trabajar en los maizales de los reyes cusqueños. Los incas no pudieron imponerles su lengua, ni modificar su vestimenta ni sus típicas viviendas circulares.

Cuando llegaron los españoles, hubo presiones de toda índole para hacernos cambiar de ambiente y abandonar nuestro lago. Nos obligaron a trabajar en las minas de Potosí. Recibíamos malos tratos humanos, nos llamaban primitivos, sucios y flojos.

Mundos diferentes

Con el tiempo nuestra población ha decrecido al igual que nuestros vecinos, los muratos, que viven a orillas del lago Poopó. Actualmente, los chipayas vivimos de la caza de aves y de la pesca. Es esa la causa por la que tenemos nuestras casas a las orillas del lago Coipasa y nuestra lengua chipaya marca las diferencias con otros pueblos indígenas. Hablamos aymará con nuestros vecinos y quechua si salimos de esta zona.

Nuestro clima es extremo, tenemos el frío del altiplano y el calor del desierto, con vientos huracanados.

Nuestras viviendas están hechas de champa o tepe, que son bloques de tierra, y una gramínea que crece en nuestra zona. Esto para el muro. Para el techo usamos la paja brava. Nuestras puertas están todas orientadas hacia la salida del sol, los fuertes vientos no nos permiten ni abrirlas.

Debido al frío dormimos todos en la cocina, ya que ésta nos proporciona calor. Dormimos en el suelo sobre cueros de ovejas. Nos cubrimos con frazadas grandes, gruesas y tupidas hechas por nosotros mismos. Para colgar nuestros objetos, usamos palos clavados en las paredes, nos sirven de perchas. También tenemos nichos excavados en los muros que nos sirven de estantes para poner algunos objetos.

No poseemos la infraestructura que tienen la mayoría de las ciudades. No tenemos transporte público ni luz, desde 1987 tenemos agua potable. En las noches nos alumbramos con mecheros de kerosene. Nuestro pueblo se queda completamente a oscuras.

Nuestro territorio está atravesado por el río Lauca, que desemboca en el lago Coipasa. En la época de lluvias, nos quedamos totalmente aislados porque el río crece y se desborda. Destruye nuestras casas, perdemos nuestras cosechas y ganado. Cada año la comunidad trabaja en el encauzamiento del río. Construimos una gran muralla de champas de varios kilómetros para evitar que el agua penetre en nuestro pueblo.

Los chipayas son fantásticos curanderos y han ganado prestigio entre sus vecinos. Los curanderos tienen una gran tradición, las enfermedades se curan con el pronóstico que interpreta el médico indígena, que le muestra las hojas de coca. Para enfermedades simples, por ejemplo para la diarrea, usan la cáscara quemada del plátano. Cuando se fracturan un hueso, lo curan con grasa de lagarto; la muelen con quinoa y azúcar hasta conseguir una pasta y se la ponen al paciente en el lugar de la fractura y así se cura sin complicaciones.

En las noches frías y oscuras nos gusta tocar nuestros instrumentos: lichiwayos (quenas), maiscaj (tambores cuadrados y circulares), maiso (anterior a las zampoñas), y la guitarrilla.

Nuestra música es variada: alegre en los carnavales, triste y melancólica en nuestras noches de invierno.

Los padres enseñamos nuestras habilidades, costumbres, tradiciones, ritos, ceremonias religiosas, los valores positivos y negativos, de una manera natural a nuestros hijos. Las experiencias comunitarias y familiares, la educación para la vida la transmitimos de generación en generación. De esta manera el niño chipaya, desde las espaldas de su madre, va asimilando y adquiriendo valores de su etnia.

Rafael Yupanqui, Oruro

Los kogi y la coca (Colombia)

En la Sierra Nevada de Santa Marta viven actualmente tres tribus indígenas: los sanká, los ika, y los kogi. Hablan dialectos diferentes pero de gran similitud. Físicamente son difíciles de distinguir, pero los ika son un poco más altos, sus facciones más alargadas y finas. Los españoles no los podían distinguir y para designar a los habitantes indígenas de este valle y a las tribus vecinas, los llamaron a todos "aruacos".
Kogi significa "tigre" y ellos mismos se denominan así.

Todos los hombres adultos mastican las hojas de la coca. Sus cultivos de coca están alrededor de sus casas o de la aldea. La cultivan, cuidan, riegan con canales y podan con mucho esmero. La labor de la tierra y sus cuidados son trabajo masculino. La cosecha de las hojas es una actividad femenina. Se puede recoger en cualquier época del año.
Las mujeres las recolectan, las ponen en bolsas grandes y las llevan a casa. Los hombres las elaboran. Limpian las hojas y las escogen, sacan las hojas dañadas o partes secas. Las hojas frescas las ponen en una olla especial para tostarlas a fuego lento hasta que obtengan un color verde dorado. Las ponen en una bolsita de algodón. Están listas para ser masticadas por los hombres. Para la mujer kogi está absolutamente prohibido masticarla.

Los hombres dicen que la consumen porque trae lucidez mental, anima el habla, el canto, refresca la memoria y apacigua el hambre.
Para sus actos y ritos religiosos las mastican porque estas ceremonias se realizan durante la noche. Pueden cantar, bailar y estar varias noches sin dormir, es decir, otro efecto que causa este producto es el insomnio. Para el hombre kogi son importantes tres cosas: la memoria, la comida y la mujer.

Mundos diferentes

→ **Después de leer los tres textos, intente descubrir a qué grupo de indios corresponden estas frases.**

	cuna	chipaya	kogi
Viven de la caza de aves y de la pesca.			
Viven en la Sierra Nevada de Santa Marta.			
Las mujeres hacen unas telas con diferentes motivos que se llaman molas.			
Tres cosas son importantes para ellos: la memoria, la comida y la mujer.			
Tienen un clima extremo.			
Su nombre significa "tigre".			
La isla donde viven está a unos 45 minutos de la capital de Panamá.			
Existen unos 40.000 indios de este nombre.			
Son fantásticos curanderos.			
Les gusta la música y tocar instrumentos.			
Cultivan la coca y sólo los hombres la mastican.			
Viven cerca del lago Coipasa.			
Su nombre significa "hombres del agua".			
Tienen tres leyes importantes: no matar, no robar y no desear a la mujer del prójimo.			
Los aymarás, los incas y después los españoles les intentaron cambiar sin conseguirlo.			
Los españoles les llamaron "aruacos".			

15 Medio ambiente

El colonialismo ecológico (Puerto Rico)

En los últimos años, Puerto Rico experimenta una profunda y drástica transformación en sus estructuras sociales y económicas. La sociedad agrícola y rural ha dado paso a una sociedad urbana e industrial. Hasta la década de los 50, el desarrollo se basó en la importación de industrias de baja inversión, pero generando mano de obra. Los primeros que llegaron a la isla y se establecieron en el sur, fueron los del sector petrolero y farmacéutico, con sus plantas petroquímicas y químicas, generando de esta manera la contaminación de tierra, aire y agua.

Desde la década de los sesenta, Puerto Rico se convirtió en uno de los complejos farmacéuticos más grandes de EE.UU. Los complejos industriales se encuentran generalmente en el norte de la isla.

Existen muy pocos lugares disponibles para depositar desperdicios; la contaminación del agua, aire y tierra es cada día más grave.

Por ejemplo: la cantidad de bióxido de azufre lanzada al aire en Puerto Rico era cinco veces mayor que en EE.UU. Actualmente es peor todavía.

Los complejos petroleros descargan una cantidad increíble de agua caliente en las costas de la isla que equivale al 50 % de las aguas de los ríos que van al mar. Sabemos claramente que el agua caliente afecta a la producción biológica de las costas.

Además se han derramado y se siguen derramando "accidentalmente" miles de toneladas de petróleo crudo produciéndose así la matanza de la vida marina.

Al pasar por algunas playas hay letreros que dicen:

ESTADO LIBRE ASOCIADO DE P. R.
Departamento de Salud

PELIGRO... PELIGRO
Agua contaminada
No apropiada para
nadar, bañarse o esquiar

Medio ambiente

Los escapes de gases tóxicos son frecuentes, han afectado y siguen afectando a cientos de personas de toda nuestra isla. Continuamente se necesita intervención médica de emergencia.

Por otra parte, aquella isla pobre, vista muy pequeña en el mapa, está llena de incalculables recursos naturales. Actualmente se están realizando exploraciones norteamericanas y se están descubriendo yacimientos mineros de cobre, oro, plata y petróleo de incalculable valor económico. Científicos puertorriqueños estiman que los yacimientos podrían ser más profundos que lo que dan a conocer públicamente las compañías americanas.

Justo Ramos (Puerto Rico), *"Mundo Ecológico"*

➡ **Puede encontrar en le texto los adjetivos correspondientes?**

Ej.: sociedad	- social
economía	- ....
industria	- ....
petróleo	- ....
farmacia	- ....
química	- ....
biología	- ....
contaminación	- ....
mina	- ....

Los manglares en América Central

Los manglares son un tipo de bosque que se encuentran en regiones muy cerca del mar y donde se mezclan el agua dulce de rio y el agua de mar. Sus plantas y animales están adaptados a esas condiciones especiales, es decir una alta salinidad del subsuelo.

En América Central, litoral del Pacífico, se conocen cuatro clases de mangles: colorado, negro, blanco y botoncillo. Además de estas especies, también se pueden encontrar otras plantas como orquídeas y helechos. La

Medio ambiente 15

fauna del manglar se compone de hormigas, tortugas, mariposas, abejas, ranas, iguanas, serpientes, garzas, pelícanos, diferentes clases de cangrejos, camarones y peces.
La zona del Pacífico abastece con una fuente de recursos naturales a toda su población. Los manglares son muy importantes, ya que crecen sobre tierras fértiles y la productividad obtenida en su explotación es grande. Además constituyen un ambiente único para el desarrollo de ciertas formas de vida.

En la actualidad los manglares se están perdiendo; se calcula que queda un 50 % de la población manglar que hubo en el año 1960, año en que empezó la deforestación. Las causas son múltiples: corte de mangle para obtener madera de construcción, leña para el consumo, estructuras para sacar tabaco, falta de consciencia ambiental, contaminación por agroquímicos, construcción de zonas pobladas, infraestructura turística, áreas para ganadería y cultivos.

Todos podríamos colaborar para conservar la naturaleza, tratando de valorar y apreciar lo que nos rodea.
Sabemos que los recursos naturales pueden seguir existiendo sin nosotros, pero nosotros necesitamos de ellos para vivir.
Si destruimos los recursos, nosotros mismos nos estamos destruyendo.

→ **Complete el texto con las siguientes palabras:**

Blanco - bosque - fértiles - mar - desforestación - dulce

Los manglares son un tipo de .... Se encuentran muy cerca del .... y por eso se mezclan el agua salada y la ....
Hay cuatro tipos: botoncillo, colorado, negro y .... Los manglares son muy importantes porque crecen sobre tierras .... Desgraciadamente éstos se terminan.
La .... empezó en 1960. Muchas son las causas y esperamos que se empiece pronto a tomar consciencia del problema.

Medio ambiente

🔊 Entrevista a una mexicana

→ **Relacione las preguntas y las respuestas. Después, escuche la entrevista y compruebe los resultados.**

1. ¿Cuáles son los problemas que tiene la capital mexicana?
2. ¿No tienen un plan de protección?
3. ¿Entienden los habitantes que tienen que consumir menos agua?
4. ¿Es verdad que la ciudad se inunda con frecuencia?

a) Sí, pero hay que cambiar las costumbres. Ahora se gastan muchos más litros diarios de agua por persona que en Europa.
b) La contaminación y escasez de agua.
c) Sí, pero se está construyendo un sistema de drenaje profundo.
d) Sí, pero no funcionó; sólo unos días en que los coches no circulaban todos los días.

Noemí es miembro del Partido Ecologista y vamos a hablar con ella sobre los problemas de la ciudad de México, D.F.

- Noemí, ¿cuáles son los problemas que actualmente tiene la capital mexicana?

· México DF está considerada como la ciudad más habitada del mundo. Tiene 20 millones de habitantes, con riesgo de duplicarse en los próximos 20 años. El problema de la capital es la contaminación ambiental y actualmente la escasez de agua.

- ¿No tienen Uds. un plan de protección para la ciudadanía?

· Tenemos un plan que no está en vigencia, "No circular de lunes a viernes". La contaminación que vivimos diariamente es alarmante. En un ambiente de mucha polución o contaminación atmosférica, se respira un aire sucio, que hasta hace llorar los ojos. Del 18 al 21 de enero del 96 se puso este plan por primera vez en marcha: circular un día sí y otro no. Era increíble, "todo suave y todo a media luz", como cantaba Carlos Gardel en sus tangos. Los chilangos vivimos esos días una ciudad tranquila, en cuanto al tráfico. Chilango es el apodo que designa al mexicano del D.F.

- Los habitantes de la ciudad de México deben consumir definitivamente menos agua, con el fin de evitar el riesgo de agotar su fuente principal de abastecimiento. ¿Cómo lo ven?

· El agua es un recurso que puede agotarse. Cada día es más difícil si no cambiamos nuestros hábitos de consumo. El consumidor no está educado

Medio ambiente 15

La Plaza de las Tres Culturas

a ser respetuoso con ese elemento indispensable para la vida que a tanta gente le hace falta. México es la ciudad más sedienta, actualmente se consumen 35 metros cúbicos de agua por segundo, y ¿en 24 horas?. Cada persona gasta o desperdicia 350 litros diarios. En las ciudades europeas la gente satisface sus necesidades con 200 litros diarios, o con menos. Creo que todo es cuestión de educar los usos. El agua en caudal potable que se suministra al D. F. es de 62 metros cúbicos por segundo, de los cuales 66 % se obtienen mediante pozos de los mantos acuíferos sobre los que se asienta la ciudad. El 34 % del agua se extrae de grandes acueductos, por ej. del Valle de Lerma, a 60 km. de la capital, que proporciona el 9% del agua que consumimos, y del sistema Cutzamala, a 127 km. del D.F. donde se obtiene el 25%.

- Debido a su topografía la ciudad de México tiende a inundarse con agua de lluvias y convertirse en un lago...

· Sí, es así. Tenemos un sistema de drenaje profundo que se está construyendo para tener una extensión de 170 kilómetros en el año 2003. Hasta la fecha se han construido casi 130 kilómetros.

Vocabulario

1. Países y lugares

Argentina, país de la Plata

pisar	betreten
columna vertebral f	Wirbelsäule
cuña	Keil
selva f	Regenwald
cono m	Kegel
llanura f	Ebene
cultivar	anbauen
algodón m	Baumwolle
girasol m	Sonnenblume
avena f	Hafer
trigo m	Weizen
cereal m	Getreide
suministrar	liefern
cría f de ganado m	Viehzucht
vaca f	Rind
oveja f	Schaf
caballo m	Pferd
cotizar	bewerten, schätzen
girar	s. drehen
porteño/a	aus Buenos Aires
resabio m	Nachgeschmack
inmigrante m	Einwanderer
mansión f	Haus
trazado m	Bauweise
patio m	Innenhof
rascacielo m	Wolkenkratzer
cuna f	Wiege
bocina f	Hupe
percance m	Zwischenfall
inesperado /a	unvorhergesehn
vereda f	Gehsteig
colectivo m	Bus
imprescindible	unentbehrlich

Chile, el último rincón del mundo

rincón m	Winkel, Ecke
a orillas	an den Ufern
sufrir	leiden
trastorno m	Schaden
mantener	erhalten sein
otorgar	verleihen
netamente	deutlich
concerniente	betreffend
franja f	Streifen
desierto m	Wüste
glaciar m	Gletscher
árido/a	trocken, dürr
luchador/a	kämpferisch
inmaculado/a	unberührt
predominar	vorherrschen
aislado/a	abgelegen
cariñoso/a	freundlich
hospitalario/a	gastfreundlich
forastero/a	fremd
sinfín m	Unmenge
lobo marino m	Seehund
cisne m	Schwan
constituir	darstellen
enigma m	Rätsel
florecer	blühen
derrocar	stürzen
recuperar	wiedererlangen
tenacidad f	Beharrlichkeit
enorgullecer	stolz machen

Entrevista a una boliviana

litoral m	Küste
altiplano m	Hochland
yungas fpl	Andentäler
llano m	Ebene
cubrirse	s. bedecken
templado/a	gemäßigt
húmedo/a	feucht

lluvioso/a	regenreich	ingénuo/a	naiv
cadena f	Kette	desconfiado/a	mißtrauisch
nevado/a	schneebedeckt	aspirante	ehrgeizig
cumbre f	Gipfel	ahorrativo/a	sparsam
sede f	Sitz	alma m	Seele
provenir	herrühren	jacarandoso/a	lustig
estaño m	Zinn	dicho m	Sprichwort
plata f	Silber	jarana f	Vergnügen
plomo m	Blei	dicharachero/a LA	gesprächig
		parranda f	Fest
		encanto m	Reiz

2. Mentalidades y costumbres

Los latinoamericanos

reflejar	wiederspiegeln
herencia f	Erbe
cotidiano/a	alltäglich
perfilar	Profil geben
merecer	verdienen
raíz f	Wurzel
idiosincrasia f	Eigenheit
acertado/a	richtig
rostro m	Gesicht
crisol m	Schmelztiegel
costeño/a	Küstenbewohner
fama f	Ruf
apresurado/a	hastig
ventaja f	Vorteil
madrugar	früh aufstehen
estar enterado/a	auf dem Laufenden sein
acelerado/a	eilig
serrano m	Bergbewohner
pausado/a	langsam, bedächtig
masticar	widerkäuen
voluntad f	Wille
inquebrantable	unerschütterlich
sincero/a	ehrlich
fiel	treu
guardar	hüten
piel cobriza f	kupferfarbene Haut
terco/a	starrköpfig
selvático/a	Waldbewohner

Un cubano en Alemania

hogar m	Heim, Familie
sueño m	Traum
puesto que	zumal
sufrimiento m	Leiden
pena f	Leid, Kummer
gozo m	Freude
disfrutar	genießen
sinsabor m	Ärger, Kummer
consolar	trösten
trazar	vorzeichnen
arrepentirse	bereuen
arena f	Sand
visado m	Visum
sorprender	überraschen
zona peatonal f	Fußgängerzone
agitado/a	bewegt
molesto/a	schlecht gelaunt
matarse	s. kaputt machen
ser madrugador/a	Frühaufsteher sein
rendidor/a	effizient, leistungsfähig
apropiado/a	geeignet
apreciar	schätzen
lujo m	Luxus
limitación f	Grenze
negar	verneinen

Una tradición loca

guardar	aufbewahren
adorno m	Schmuck
limpieza f	Reinlichkeit, Hausputz

polvo m	Staub
borde m	Rand
trineo m	Schlitten
reno m	Rentier
juguete m	Spielzeug
escarcha f	Rauhreif
moño m	Schleife
dorado/a	vergoldet
imponerse	s. durchsetzen
salvar	retten
víctima f	Opfer
remedio m	Hilfsmittel
Nochebuena f	Heiligabend
creyente m	Gläubiger
milagro m	Wunder
compartir	teilen
mantener	halten
inalterable	unverändert
prosperidad f	Wohlergehen
dicha f	Glück
bendición f	Segen

Noche de Paz, Noche de Amor

villancico m	Weihnachtslied
en derredor	= al rededor
astro m	Stern
esparcir	aussenden
brillar	glänzen
humilde	bescheiden
fiel pastor m	treuer Hirte
celeste	himmlisch
gracia f	Gnade
gloria f	Ruhm
plenitud f	Fülle
redentor m	Erlöser
resplandor m	Glanz
lucir	leuchten
rostro m	Antlitz
pesebre m	Krippe
eterno/a	ewig
fulgor m	Glanz

3. Encuentros con la historia

María Reiche, la dama del desierto

desierto m	Wüste
graduarse	Examen machen
vinculado/a	verknüpft
casucha f	Hütte
enigmático/a	rätselhaft
aislado/a	verirrt
tormenta f de arena f	Sandsturm
excavación f	Ausgrabung
valioso/a	wertvoll
escoba f	Besen
barrer	fegen
escalera de tijeras f	Klappleiter
apasionado/a	leidenschaftlich
aspiración f	Streben
soportar	ertragen
burlón/a	spöttisch
desvelo m	Mühe, Sorgfalt
depender de	abhängen von
envolver	enthalten, einschließen

Los mayas

sobresaliente	herausragend
período de esplendor	Glanzzeit
siglo m	Jahrhundert
obsesionado/a	besessen
medición f	Messung
emplear	verwenden
herramientas fpl	Metallwerkzeuge
trazado m	Entwurf
urbano/a	Stadt-
bautizar	taufen
extremeño/a	*Adj. zu Extremadura*
tertulia f	Stammtisch
guayabera f *nahuatl*	Art Hemd
huipiles m *nahuatl*	Art Kleid
hamaca f *nahuatl*	Hängematte

taco m	gefüllter Maisfladen
tamal m	Maispastete, in Maisblätter gewickelt

Panamá, puente del mundo

tesoro m	Schatz
convertirse	werden zu
asalto m	Überfall
separación f	Trennung
recuperar	wiedererlangen
soberanía f	Souveränität
dependiente	abhängig

De paso por Nicaragua

hacer frente	die Stirn bieten
yanqui	= yankee
sangriento/a	blutig
tibio/a	lau
terremoto m	Erdbeben
letrero m	Schild, Tafel
vencer	(be)siegen
caer	fallen
combatir	kämpfen
fusil m	Gewehr
estropearse	eine Panne haben
hacer cola	Schlange stehen
orgulloso/a	stolz
dispuesto/a	bereit
patria f	Vaterland
ser humillado/a	erniedrigt werden
trayecto m	Strecke
luchar	kämpfen
defender	verteidigen
riqueza f	Reichtum
derecho m	Recht
soberano/a	souverän, unabhängig
derramar	vergießen
rienda f	Zügel
destino m	Schicksal

4. Presente y futuro

Un continente rico con gente pobre

tasa f de expansión	Zuwachsrate
urbe f	Großstadt
rasgo m	Merkmal
subdesarrollo m	Unterentwicklung
ubicarse	s. konzentrieren
ingreso m	Einkommen
crecimiento m	Wachstum
comodidad f	Annehmlichkeit
carecer	entbehren
lacra f	Missstand
delincuencia f	Kriminalität
subsuelo m	Boden
aldea f	Dorf
barriada f	Elendsviertel
vivienda f	Behausung
cinturon m	Gürtel; Vorort

Un continente que espera desarrollo

comercio m	Handel
integración f	Verflechtung
negociación f	Verhandlung
reunión f	Versammlung
eliminar	beseitigen
arancelario/a	Zoll-
afectar	beeinträchtigen
inversión f	Investition
subsidio m	Unterstützung
celebrar	feiern
asamblea f	Versammlung
cumbre f	Gipfel
clausurar	abschließen
discurso m	Rede
tratado m	Vertrag
medida f	Maßnahme
promover	fördern
deuda f	Schuld
constar de	bestehen aus
ampliar	erweitern
fortalecer	festigen

El petróleo y la pobreza

invertir	investieren
aumentar	steigern
barril m	Barrel
demanda f	Nachfrage
pozo m	Brunnen; Quelle
agotado/a	erschöpft
infinito/a	unendlich
fomentar	fördern
minoría f	Minderheit
empobrecer	verarmen

El tejido, herencia inca

herencia f	Erbe
tierno/a	zart
tejer	weben
tejido m	Gewebe; Webkunst
preservar	bewahren
habilidad f	Können
adolescente f m	Jugendliche/r
sentir estima	schätzen
seducir	verführen
manta f	Umhang, Decke
reflejar	wiederspiegeln
rasgo m	Merkmal
tela f	Gewebe, Stoff
tela m	Gewebe
taller m	Werkstatt
tejedor/a	Weber/in
tintorero/a	Färber/in
bordador/a	Sticker/in
hilandero/a	Spinner/in
heredar	erben

5. Fiestas, comidas y bebidas

La fiesta del carnaval

lucir	zur Schau stellen
desfile m	Parade, Umzug
invadir	überfluten
bullicio m	Tumult, Lärm
reinar	herrschen
carro m	Wagen
aclamar	bejubeln
tamal m	Pastete in Maisblättern
pollo al jerez m (especialidad panameña)	Huhn mit Sherry
pernil chiricano m (especialidad panameña)	Schinkenspezialität
gozo m	Vergnügen
evento m	Begebenheit
insignificante	unbedeutend

La tierra de los incas y la Fiesta del Sol

sembrar	säen
cosechar	ernten
rayo m	Blitz
relámpago m	Blitz
trueno m	Donner
faena agrícola f	Feldarbeit
festejar	feiern
descalzo/a	barfuß
arrodillarse	niederknien
adorar	anbeten
sacrificio m	Opfer(ung)
sacerdote m	Priester
tumbar	niederstrecken
pecho m	Brust
palpitante	schlagend
pronosticar	voraussagen
oración f	Gebet
explanada f	(großer) Platz

Las chicherías peruanas

chichería f	Kneipe
chicha f	Maisbier
piqueo m	Häppchen
dueño m	Wirt
caña f	Rohrstock
punta f	Spitze
hoja f	Blatt
lechuga f	Lattich
ají m	Pfefferschote

causa f (esp.peruana)	Kartoffelgericht	calentar	erhitzen
pretexto m	Vorwand	freir	braten
sello m	Note	cara f	Seite
ingrediente m	Zutat	sartén f	Pfanne
fermentación f	Gärung	picado/a	kleingeschnitten
jora f	vergorener Mais		
chancaca f	Klumpen roher Zucker	Guacamole	
miel f	Honig	aguacate m	Avocado
botija f	Bottich, Fass	pelado/a	abgezogen, geschält
barro m	Ton	hueso m	Knochen; Kern
cubierto/a	bedeckt		
modesto/a	bescheiden	Salsa de aguacate	
		cilantro m	Koriander
Pisco Sour		semilla f	Samen

pisco de caña m	Zuckerrohr-branntwein
hielo m	Eis
clara de huevo f	Eiweiß
amargo m	Bitterlikör
licuadora f	Mixer
copa f	Schale, Glas
gota f	Tropfen

6. Deporte

Gabriela Sabatini, símbolo del tenis

conquistar	erobern
convertir en	machen zu
cancha f	Sportplatz
colita f	Pferdeschwanz
perseguir	verfolgen
cálido/a	warmherzig
cariñoso/a	zärtlich
hogareño/a	häuslich
conmover	bewegen, rühren

Tequila, tacos, guacamole y tamales

sabor m	Geschmacks-(richtung)
plato m	Gericht
chile m	Chilischote
paladar m	Gaumen
elaboración	Herstellung
añejo	überjährig, alt
reposado	abgelagert
dorado	golden

Deportes en los Andes

cuna f	Wiege
convertir	werden zu
esquí de fondo m	Langlauf
buceo m	Tauchen
caza f	Jagd
recorrido en bote m	Schlauchbootfahren, River Rafting
canotaje m	Kanufahren
caminata f	Wandern
cabalgata f	Geländereiten
brindar	bieten

Tacos de pollo

tortilla f	Pfannkuchen
pechuga f	(Hühner) Brust
cocido/a	gekocht
rebanada f	Scheibe
palillo m	Stöckchen
desfibrar	zerkleinern
rellenar	füllen
pinchar	zusammenheften

atraer	anziehen
accesible	zugänglich
ascender	besteigen
ascensión f	Besteigung
chaleco m salvavidas	Schwimmweste
casco m	Helm
remo m	Ruder

La pelea de gallos

pelea de gallos f	Hahnenkampf
alma m	Seele
sanguinario/a	blutig
elevado/a	hoch
pico m	Schnabel
navaja f	Sporen mit Messern
entrenado/a	trainiert
ducho/a	versiert
perejil m	Petersilie
jaula f	Käfig
saltar	springen
agilidad f	Schnelligkeit
valentía f	Mut
criador m	Züchter
luchador/a	kämpferisch
desafio m	Wette
efectuar	stattfinden
ocio m	Zeitvertreib
otorgar	verleihen

Los caballitos de totora

caballito de totora m	"Schilfpferdchen" (*Boot*)
alinear	aufreihen
prensado /a	gepresst
agudo/a	spitz
amarrado/a	umwickelt
cordón m	Seil
colocarse de rodillas	s. hinknien
tabla hawaiana f	Surfbrett

7. Recuerdos personales

Lluvia otoñal en Buenos Aires

subte m (subterraneo)	Untergrundbahn
inundado/a	überschwemmt
deleitarse	s. vergnügen
torrencialmente	wolkenbruchartig
cuadra f LA	Häuserblock
colectivo m	Bus
colgarse	s. anhängen
frenada f	Bremsung
boleto m LA	Fahrkarte
hueco m	Lücke
respirar	atmen
congestionado/a	verstopft
apelmazarse	s. zusammen-drängen
subterráneamente	unterirdisch
desbordar	über d. Ufer treten
desviarse	e. Umweg machen
vela f	Kerze

Las tortillas guatemaltecas

tortilla f	Maisfladen
despegar	starten
añorar	s. sehnen nach
calentito/a	lauwarm
hervir	kochen
grano m	Korn
cáscara f	Schale
moler	mahlen
masa f	Teig
tortear	kneten
comal m de barro LA	Lehmplatte
vecindario m	Nachbarschaft
¡Buen provecho!	Guten Appetit!

8. Música

Los andinos y su música

equivocado/a	irrig
creencia f	Glauben
errado/a	irrig, falsch
apreciación f	Einschätzung
influir	beeinflussen
estado de ánimo m	seelische Verfassung
adoración f	Anbetung
bondad f	Güte
quena f LA	kleine Querflöte aus Holz
zampoña f LA	Panflöte
carrizo m	Rohr
charango m LA	kleine Gitarre
caparazón m	Panzer
armadillo m	Gürteltier
bombo m	Trommel
cuero ovejuno	Schafsleder
sonaja f	*Art Rassel*
pezuña f	Klaue
palo de lluvia m	Art Rassel
semillas	Samen
asimilado/a	angepasst
sonoro/a	Klang

Americanto

asomar	erscheinen
tempestad f	Sturm
arado/a	gepflügt
germinar	keimen
trino m	Triller
cueca f LA	*baile chileno*
zamba f LA	*baile argentino*
pasillo m LA	*baile columbiano*
huayno m LA	*baile andino*
cumbia f	*baile colombiano*
marinera f LA	*baile costeño (Chile, Perú, Ecuador)*
huapango m LA	*baile mexicano*
guaraní m LA	*baile paraguayo*
saya f LA	*baile mexicano*

Guantanamera

alma m	Seele
carmín m encendido	glühendes Rot
ciervo m	Hirsch
herido/a	verwundet
monte m	Gebirge
amparo m	Schutz
arroyo m	Bergbach
complacer	gefallen

9. Ciudades

La capital y su gente

emanar de	hervorgehen aus
margarita f	Aperitiv auf Tequila-Basis
lo que cabe	was möglich ist
eficaz	effizient
urbe f	Großstadt
ampliar	erweitern
red f	Netz
pilar m	Pfeiler, Hilfsmittel
imprescindible	unentbehrlich
horas puntas	Stoßzeiten
acongojar	bekümmern
D.F.	= Distrito Federal, *Bezeichnung für Mexico City*
alameda f	(Pappel-) Allee
chinampa f (mexicano)	*Gärten in den Lagunen rund um Mexico City*
ranchero/a LA	ländlich
charro m	Bauer
atuendo m	Tracht
esplendoroso/a	prächtig
ensillado/a	gesattelt
resistir	widerstehen; überstehen
terremoto m	Erdbeben
sexenio m	Jahrsechst; Zeit
fraudulento/a	betrügerisch

El colectivo porteño

porteño/a (de: puerto)	aus Buenos Aires
embotellamiento m	Verkehrsstau
dueño m	Besitzer
adornado/a	geschmückt
tablero m	Armaturenbrett
expendedora f	Automat
boleto m	Fahrkarte
parabrisas m	Windschutzscheibe
resorte m	(Sprung-) Feder
chirriar	quietschen
vuelto m LA	Wechselgeld
retroceder	aufrücken
arrancar	anfahren
esquivar	ausweichen
avería f	Panne
ladrón m	Dieb
surgir	spürbar werden
apropiarse	s. aneignen
desesperado/a	verzweifelt
recuperar	wiedererlangen

Cusco, Patrimonio Cultural del Mundo

ombligo m	Nabel
vigente	gültig
arrancar	entreißen
mito m	Mythos
leyenda f	Legende
convención f	Versammlung
alcalde m	Bürgermeister
denominar	ernennen
renombrado/a	berühmt
erudito/a	gelehrt
resguardar	bewahren
velar	bewachen, hüten
muro m	Mauer
predominar	vorherrschen
inclinar	neigen
aguja f	Nadel
decrecer	abnehmen
sensación f	Eindruck
frotamiento m	Abreiben
arena f	Sand
serpiente f	Schlange
lagartija f	Eidechse
martillo m	Hammer
desperfecto/a	Schaden
desprenderse	s. verschieben

10. Condiciones de trabajo

Los campesinos de los Andes

campesino m	Bauer
hogar m	Heim, Familie
frecuente	häufig
vivienda f	Wohnung, Haus
amplio	geräumig
monte m	Berg
tronco m	Baumstamm
tabla f	Brett
caña guadua f	Schilfrohr
leña f	Holz
techo m	Dach
abunda	reichlich
cortar	zerkleinern
hacha m	Axt
amontonar	aufstapeln
pilote m	Pfahl, Pfeiler
alumbrar	beleuchten, Licht machen
candil m	Öllampe
hollín m	Ruß
aldea f	Dorf
a cargo m	zu betreuen
subsistir	(fort) bestehen
la cosecha	Ernte
contrato m	Vertrag
jornalero m	Tagelöhner
indemnización f	Entschädigung

La familia campesina migrante

1. La situación de la mujer

migrante	(vom Land in die Stadt) abgewandert
búsqueda f	Suche

sobrevivir	überleben
cubrir	abdecken
remuneración f	Bezahlung
trato m	Behandlung
patrona f	Arbeitgeberin
pollera f	Rock
hilar	spinnen
picar	zerkleinern
barrer	fegen
wawa f	Kind
fósforo m	Streichholz

2. La situación del esposo y de los hijos

fijo/a	fest, gesichert
albañil m	Maurer
colaborar	mithelfen
aportar	beitragen
atender	versorgen
decisión f	Entscheidung
alcanzar	ausreichen

El cacao y los cacaoteros

propiciar	fördern
recolectar	ernten
hacendado m	Großgrundbesitzer
cría f de ganado	Viehzucht
afectar	berühren, beeinträchtigen
cubrir	decken
parar	streiken
suspender	einstellen
mantenerse de pie firme	durch-, standhalten fest
valiente	mutig
atacar	angreifen
defender	verteidigen
enemigo m	Feind

La política lingüística

ley f	Gesetz
útil m	Instrument
manual m	Handbuch
científico/a	wissenschaftlich
mediocre	mittelmäßig

nomenclatura f	Fachwortschatz
retroceso m	Rückzug
predominio m	Vorherrschen
apropiado/a	geeignet
bachillerato m	Abitur
favorecer	begünstigen
beca f	Stipendium
escapar	entkommen
dominar	beherrschen

11. Esperanzas

Isabel Allende y "Paula"

entrenamiento m	Vorübung
hundirse	versinken
peregrinaje m	Irrfahrt
conmovedor/a	bewegend

Casa y hogar para los "Huchuy Runa"

agradecido/a	dankbar
quinoa f	Reismelde (Wildgetreide)
rompecabeza f	Rätsel
arcilla f	Ton

Los derechos del niño

participar	teilhaben
ley f	Gesetz

12. Arte y artesanía

La Ciudad Universitaria de México

pontificio/a	bischöflich
conjunto m	Ganzes
Humanidades fpl	Geisteswissenschaften
Ciencias fpl	Naturwissenschaften
espectador m	Zuschauer
policromado/a	mehrfarbig

Los mercados y mercados de artesanía

irresistible	unwiderstehlich
picarón m LA	*Art Krapfen*
chicharrón m LA	*Art Röstfleisch*
zanahoria f	Möhre
trueque m	Tauschhandel
reliquia f	Relikt, Überbleibsel
antaño	ehemals
regateo m	Feilschen
destacar	herausragen
telar m	Webstuhl
rueca f	Spinnrocken
fijarse	achten auf

Los huaqueros, buscadores de tesoros prehispánicos

huaquero m LA (Esp.: guaquero)	Schatzgräber
escavar	ausgraben
huaca f (Esp. guaca)	Grabhügel
tumba f	Grab
arenal m	Sandfläche
armar	zusammenpacken
linterna f	Taschenlampe
pila f	Batterie
varilla f	Stab, Stange
sumergir	eintauchen, versenken
quedarse con	behalten
codicia f	Habgier

13. Turismo

La revolución del turismo

castrista	*Adj. zu Castro*
amalgama f	Mischung
exhuberante	üppig
fortuna f	Reichtum

Mundo submarino y buceo caribeño

bucear	tauchen
sombreado/a	beschattet
excitante	aufregend
requerir	erfordern
barra f	Stange
cuerda f	Seil
palanca f	Brechstange, Hebel
videograbadora f	Videokamera
lecho m marino	Meeresgrund
ostra f	Auster
arpón m	Harpune
tiburón m	Hai
manjar m	Speise, Gericht
paladar m	Gaumen, Geschmack

14. Mundos diferentes

Los cuna de la Isla de San Blas

inestable	unstabil
divisar	unterscheiden
recibimiento m	Empfang
brindar	bieten
lancha f	*Art Boot*
hamaca f	Hängematte
regir	beherrschen, leiten
prójimo m	d. Nächste
mola f (Col, Pan.)	Tuch
exhibir	zur Schau stellen

Los chipayas

balsero m	Flößer
chacra f	Bauernhaus
rebaño m	Herde
pato m	Ente
índole	Art
flojo/a	faul
champa f	Wurzelballen
tepe m	Rasenplatte
gramínea	*Art Gras*
paja brava f	Stroh

palo m	Holzstift	madera f	Holz
clavar	nageln	leña f	Brennholz
percha f	Garderobehaken	consciencia ambiental	Umweltbewusstsein
agua f potable	Wasserleitung	agroquímicos mpl	Düngemittel
alumbrar	beleuchten	ganadería f	Viehzucht
mechero m	Brenner	cultivo m	Ackerbau
desbordarse	über die Ufer treten		
penetrar	eindringen		
curandero m	Heiler		
lagarto m	Eidechse		
quinoa f	Getreideart		

Entrevista a una mexicana

D.F.	Distrito Federal, *für Mexico City*
en vigencia	in Kraft
designar	bezeichnen
abastecimiento m	Versorgung
hábito m	Gewohnheit
sediento/a	durstig
indispensable	unentbehrlich
desperdiciar	verschwenden
satisfacer	befriedigen
pozo m	Brunnen
manto acuífero m	wasserführende Schichten
topografía f	geographische Lage
drenaje m	Entwässerung

Los kogi y la coca

tribu f	Stamm
similitud f	Ähnlichkeit
facción f	Gesichtszüge
distinguir	unterscheiden
masticar	kauen
podar	beschneiden
esmero m	Sorgfalt
escoger	verlesen
tostar	rösten
apaciguar	besänftigen
lucidez f	Klarheit
insomnio m	Schlaflosigkeit

15. Medio ambiente

El colonialismo ecológico

rural	ländlich
generar	schaffen, bewirken
desperdicio m	Abfall
azufre m	Schwefel
derramar	auslaufen
matanza f	Vernichtung
recursos naturales	Bodenschätze
yacimiento m	Vorkommen

Los manglares en América Central

manglar m	Mangrovenwald
salinidad f	Salzgehalt
deforestación f	Abholzung